Comment ne pas tuer sa mère

D.H. Lawrence

Comment ne pas tuer sa mère

Traduction (revue) de l'anglais
de Jeanne Fournier-Pargoire

L'ARBRE VENGEUR

Mère et fille est paru sous le titre *Mother and daughter* en 1929.

L'adorable dame est paru sous le titre *The lovely lady* en 1932.

www.arbre-vengeur.fr

MÈRE ET FILLE

VIRGINIA BODOIN avait une excellente situation : elle était chef de service dans un ministère et de lourdes responsabilités lui incombaient. Pour imiter Balzac et être précis, je dirai qu'elle gagnait sept cent cinquante livres par an. C'est déjà quelque chose. Rachel Bodoin, sa mère, possédait quant à elle un revenu annuel d'environ six cents livres avec lequel elle vivait dans les capitales d'Europe depuis la disparition d'un mari qui n'avait jamais joué un rôle très important.

Or, après plusieurs années de véritable séparation et de « liberté », la mère et la fille pensèrent de nouveau à se fixer. Au cours du temps, elles avaient fini par ressembler plutôt à un couple marié qu'à une mère et une fille. Elles se connaissaient à fond, et chacune avait un peu peur de l'autre. Elles avaient habité ensemble et s'étaient quittées plusieurs fois. Virginia avait maintenant trente ans et il était peu probable qu'elle se marierait. Pendant quatre ans, elle avait été pour ainsi dire mariée à Henry Lubbock, jeune homme un peu gâté qui avait la passion de la musique. Puis Henry l'avait quittée pour deux raisons : il ne pouvait supporter la mère de Virginia, et la mère de Virginia ne pouvait le supporter. Et lorsque Mrs. Bodoin ne pouvait supporter quelqu'un, elle arrivait toujours à s'asseoir dessus de désastreuse façon. Henry se débattait désespérément quand il sentait sa belle-mère peser sur lui de toutes ses forces et Virginia, entraînée malgré elle par une sorte d'esprit de famille, prenait place près de sa mère. Virginia n'avait en réalité aucune envie de s'asseoir sur Henry. Mais quand sa mère la poussait, elle ne pouvait faire autrement. Car en fin de compte, sa mère avait de l'influence sur elle : une étrange influence féminine qui n'avait aucun rapport avec l'autorité maternelle.

Virginia, depuis longtemps, avait rejeté à tous les vents l'autorité maternelle. Mais sa mère exerçait une autre forme de domination, plus insidieuse, féminine et aiguë ; aussi lorsque Rachel s'écriait : « Aplatissons-le », Virginia ne pouvait-elle s'empêcher de se joindre à ce jeu avec un élan cruel et joyeux. Et Henry se rendait très bien compte qu'on l'aplatissait. Ce fut donc une de ses raisons pour lâcher Vinny. Il l'appelait Vinny à l'indignation suprême de Mrs. Bodoin qui le reprenait toujours : « Ma fille Virginia ».

Quant à la seconde raison, montrons-nous de nouveau digne disciple de Balzac, c'était que Virginia n'avait pas un sou à elle. Henry possédait deux cent cinquante malheureuses livres. Virginia, à l'âge de vingt-quatre ans, gagnait quatre cent cinquante livres. Mais elle les gagnait vraiment. Tandis que Henry réussissait à se faire environ douze livres par an avec sa chère musique. Il avait compris qu'il lui serait difficile d'augmenter ce chiffre. Aussi le mariage, excepté avec une femme qui pouvait le faire vivre, était-il presque impossible. Vinny hériterait de l'argent de sa mère. Mais Mrs. Bodoin avait la santé et les muscles du Sphinx. Elle vivrait éternellement, cherchant toujours une proie à dévorer, et ce serait lui qu'elle dévorerait. Henry vécut avec Vinny pendant deux ans, au sens conjugal de ce mot, et elle avait l'impression qu'ils étaient mariés, ne manquait qu'une simple cérémonie. Mais Vinny gardait toujours sa mère au second plan; loin souvent, à Paris ou à Biarritz par exemple, mais assez près pour qu'on ne fût pas à l'abri de ses lettres. Et Virginia ne se rendait pas compte qu'un rire se dessinait sur son visage malicieux quand sa mère, même dans une lettre, étalait ses jupes et s'asseyait avec calme sur Henry. Elle ne comprenait pas qu'en esprit elle se précipitait elle aussi sur lui avec méchanceté: elle n'aurait pu se l'interdire, pas plus que la marée ne peut s'empêcher d'obéir à la lune. Et elle ne se doutait pas que Henry le sentait et que sa vanité masculine en était cruellement mortifiée. Très souvent les femmes s'hypnotisent les unes les autres, et quand elles sont hypnotisées, elles se mettent doucement en devoir de tordre le cou de l'homme qu'elles croient aimer de tout leur cœur. Puis, parce qu'il se rebiffe qu'on lui torde le cou, elles disent que c'est de la pure perversité. Elles pensent qu'il repousse un amour sincère. Car elles sont hypnotisées. Les femmes s'hypnotisent l'une l'autre à leur insu. Henry finit par battre en retraite. Il se voyait complètement annihilé par les deux femmes : une vieille sorcière musclée comme le Sphinx, et une jeune sorcière prodigue, malicieuse et faible qui le gâtait à outrance, mais qui dévorait la moelle de ses os.

Rachel écrivait de Paris : « Ma chère Virginia, j'ai fait un très bon gain grâce à un placement avantageux et je veux le partager avec toi. Tu trouveras ci-joint un chèque de vingt livres. Sans doute en auras-tu besoin pour acheter un costume à Henry, puisque le printemps semble avoir fait son apparition et que le soleil pourrait être tenté de le montrer tel qu'il est. Je ne veux pas que ma fille se promène avec un homme qu'on peut prendre pour un musicien des rues. Mais je t'en prie, paie toi-même la note du tailleur, ou sinon il se pourrait bien qu'on te la représente plus tard. » Henry eut un costume neuf, mais ce vêtement était semblable à la tunique de Nessus dont le poison insidieux le consumait.

Il battit donc en retraite. Il ne s'échappa pas de la maison, il ne s'enfuit pas et ne se fraya pas un chemin à la pointe de l'épée. Il disparut pour ainsi dire par imperceptibles degrés et mit plus d'un an à assumer son départ. Il aimait beaucoup Vinny et ne pouvait guère se passer d'elle. Et puis, il en avait pitié. Mais à la fin, il ne la distinguait plus de sa mère. Elle avait les atours d'une jeune sorcière, faible, prodigue, mais complice de sa mère, sorcière aux griffes acérées.

Henry noua d'autres liens, se créa de fortes attaches ailleurs et, peu à peu, se libéra de ses chaînes. Il sauva sa vie, mais il y avait perdu, il le savait, beaucoup de sa jeunesse et de son énergie. Il avait tendance désormais à devenir gras, un peu bouffi, insignifiant alors qu'il avait été beau, arborant une fière allure.

Les deux sorcières poussèrent des cris et des lamentations quand elles l'eurent perdu. La pauvre Virginia était vraiment à moitié folle, et ne savait plus que faire d'elle. Elle se révolta avec violence contre sa mère. Mrs. Bodoin éprouvait un furieux mépris pour sa fille : comment Virginia avait-elle laissé glisser de ses mains un poisson si bien pris à l'hameçon! Comment avait-elle permis à un tel homme de l'abandonner! « Je ne vois pas très bien ma fille séduite et lâchée par un pique-assiette comme Henry Lubbock, écrivit-elle. Mais si c'est arrivé, je suppose que c'est la faute de quelqu'un. »

Une brouille suivit qui dura près de cinq ans. Cependant le charme n'était pas rompu. La pensée de Mrs. Bodoin ne quittait jamais sa fille, et Virginia sentait constamment sa mère quelque part dans l'univers. Elles s'écrivaient et se voyaient de temps en temps, mais elles se boudaient et vivaient séparées.

Un lien magique cependant les unissait et continuait à les unir imperceptiblement. Leur ancienne affection se réveilla. Mrs. Bodoin vint à Londres. Elle descendit à l'hôtel paisible où sa fille était installée. Depuis trois ans, Virginia y occupait deux pièces. Puis elles décidèrent de prendre un appartement ensemble.

Virginia avait plus de trente ans. Elle était encore mince, bizarre, malicieuse; un de ses yeux marron louchait très légèrement de façon piquante, elle arborait un étrange sourire et déployait sa voix lente et grave qui caressait un homme comme des doigts experts. Ses cheveux enchevêtraient des boucles naturelles et désordonnées. Elle s'habillait avec une élégance instinctive qui pouvait devenir tapageuse voire un peu négligée. Quand elle était invitée à prendre le thé, ses bas absolument neufs, qui lui avaient coûté un prix fou, pouvaient laisser voir un trou, ce qui ne l'empêchait pas d'enlever ses souliers dans le salon, et de rester assise ainsi. Il est vrai qu'elle possédait des pieds élégants. D'ailleurs tout son corps se distinguait par sa forme élégante et parfaite. Mais ce n'était pas pour cette raison qu'elle se déchaussait. Ce n'était ni par coquetterie, ni par vanité. C'était simplement parce qu'après être allée chez un bon cordonnier et avoir payé cinq guinées une paire de souliers tout simples et quelconques, faits sur mesure, lesdits souliers la faisaient souffrir atrocement. Et quand elle avait marché cinq cents mètres ainsi chaussée, il lui fallait s'en débarrasser, au risque de devoir s'asseoir sur le trottoir. C'était une fatalité. Ses pieds eux-mêmes avaient un soupçon de gaminerie, une négligence qui ne leur permettait pas de rester correctement dans de jolis souliers corrects. En fin de compte, elle portait toujours les vieux souliers de sa mère. « Bien entendu, je passerai ma vie dans les vieux souliers de ma mère. Si elle mourait sans m'en laisser une provision, je crois que je ne pourrais plus me déplacer qu'en fauteuil roulant », disait-elle avec son petit sourire étrange et grimaçant.

Elle manifestait une vraie forme d'élégance et pourtant elle était peu soigneuse. Mais c'est ce qui faisait son charme.

Elle était l'absolu contraire de sa mère. Pourtant elles pouvaient échanger leurs souliers et leurs robes, ce qui paraissait extraordinaire, car Mrs. Bodoin semblait beaucoup plus forte que sa fille. De fait les épaules de Virginia étaient larges, bien qu'elle fût maigre ; elle bénéficiait d'une charpente solide, en dépit de son apparente fragilité.

Mrs. Bodoin faisait partie de ces femmes d'environ soixante ans qui possèdent une terrible énergie intérieure et une vitalité presque excessive. Mais elle réussissait à le cacher. Elle restait assise, parfaitement calme, les mains croisées.

On se disait : « Quelle femme tranquille ! » tout comme on peut regarder le sommet neigeux d'un volcan endormi dans la lumière du soir et penser : « Quelle paix ! »

La singulière énergie qui possédait Mrs. Bodoin habite, chose assez curieuse, beaucoup de femmes qui ont dépassé la cinquantaine, et ses manifestations sont en général fort désagréables, ce qui explique peut-être la lassitude des plus jeunes.

Mais Mrs. Bodoin, avertie par le mauvais goût de ses énergiques contemporaines, cultivait le calme. Sa façon même de prononcer ce mot en deux syllabes : cal-me, en faisant traîner la seconde syllabe jusqu'à ce qu'elle se confondît avec de vagues ombres, montrait toute son énergie retenue. Lorsqu'elle se trouva en face du problème des cheveux grisonnants et des sourcils noirs, elle fut trop intelligente pour essayer de se rajeunir par des teintures. Elle étudia sa silhouette entière et décida qu'aucune hésitation n'était permise. C'était indéniable. Elle n'avait rien de fragile et d'immatériel, elle ne ressemblait pas à une fleur alanguie sur sa tige penchée. Son corps, quoique sans embonpoint, était replet, vigoureux et cambré. Son visage avait un nez recourbé très aristocratique, de provocants yeux gris et des joues assez longues, mais aussi assez pleines. Rien de séduisant, de léger ou de jeune.

En femme indépendante, elle fit appel à sa raison et décida avec énergie de n'être ni jeune, ni légère, ni séduisante. Elle garderait sa dignité, car elle y tenait. Elle était positive. Elle se plaisait à l'être. Elle était habituée à son positivisme. Aussi, elle serait simplement positive.

Elle se tourna vers la période la plus supposément positive : le XVIIIe siècle, Voltaire, Ninon de Lenclos et la Pompadour, Madame la Duchesse et Monsieur le Marquis. Elle jugea qu'elle n'avait aucune ressemblance avec la Pompadour ou quelque Duchesse, mais que le style Monsieur le Marquis semblait presque exactement son genre. Et elle avait raison. Avec ses cheveux d'argent, coupés et rejetés en arrière pour dégager son front et ses tempes, mais descendant assez bas sur la nuque, avec son visage rose et plein, et ses minces sourcils noirs soigneusement épilés pour former deux arcs parfaits et ténus, son nez recourbé et ses yeux insolents, elle coïncidait vraiment avec cette première moitié du XVIIIe siècle. Sauf qu'elle rayonnait de modernité du fait qu'elle était Monsieur le Marquis et non Madame la Marquise.

Sa mise était d'un goût irréprochable. Elle portait de délicats mélanges de gris et de rose, avec, parfois, un gris métallique pour assombrir l'ensemble, et des bijoux de strass aux teintes anciennes et douces. Son attitude exprimait une sorte de calme vigilant, de tranquillité unie à une grande assurance. Pour employer une expression vulgaire : après elle, il n'y avait plus qu'à tirer l'échelle.

Elle disposait de deux mille livres. Virginia, bien entendu, était de son côté toujours endettée jusqu'au cou. Mais malgré tout, il ne fallait pas la dénigrer, car elle gagnait sept cent cinquante livres par an.

Virginia manifestait à la fois une intelligence bizarre tout en paraissant en manquer. En réalité elle ne savait rien : comme elle se passionnait pour n'importe quoi sur le moment, elle ne possédait de tout qu'une connaissance superficielle. Mais elle apprenait les langues étrangères avec une facilité extraordinaire et les parlait couramment en quinze jours, ce qui représentait un grand avantage dans la situation qu'elle occupait. Elle pouvait par exemple converser avec n'importe quel entrepreneur, de n'importe quelle contrée, sans pour autant connaître à fond aucune langue, pas même la sienne. Elle apprenait les choses en dormant, pour ainsi dire, sans en rien savoir.

Ce don lui assurait du succès auprès des hommes. Malgré cette singulière particularité, ils ne se sentaient pas insignifiants en sa présence, parce qu'elle était comme un instrument. Elle avait besoin d'être poussée. Lorsque quelqu'un l'avait mise en mouvement, elle travaillait avec une véritable adresse. Elle savait rassembler les renseignements les plus précieux. Elle se rendait très utile. Elle travaillait avec des hommes, passait la plus grande partie de son temps avec des hommes et ne se liait guère d'amitié qu'avec des hommes. Elle ne se sentait pas à l'aise avec les femmes.

Pourtant elle n'avait pas d'amant, personne ne semblait désireux de l'épouser, personne ne semblait vouloir l'approcher. Mrs. Bodoin disait :

« Je crains que Virginia ne soit la femme d'un seul homme. Je suis moi-même la femme d'un seul homme. Ma mère était ainsi, et ma grand-mère également. Le père de Virginia a été le seul homme dans ma vie, le seul et unique. J'ai peur que Virginia ne montre la même fidélité. Malheureusement nous connaissons le peu de valeur de l'homme qu'elle aimait et il a gâché sa vie. »

À une époque désormais passée, Henry avait coutume de dire que Mrs. Bodoin n'était pas la femme d'un seul homme, qu'elle n'était la femme d'aucun homme, et que si elle avait pu agir comme elle l'entendait, tout élément masculin aurait disparu de la face d'une terre où ne resterait plus que l'élément féminin.

En tout cas, Mrs. Bodoin pensait que le moment était venu de changer de résidence. Elle loua donc avec Virginia un très bel appartement sur une des vieilles places de Bloomsbury : les deux femmes l'installèrent et le meublèrent avec un soin extrême, elles l'ornèrent d'objets délicieux, prirent comme cuisinier un homme très compétent venu d'Autriche, et la mère et la fille entamèrent ensemble une existence quasi conjugale.

D'abord ce fut une joie de tous les instants. Les deux salons de réception qui s'ouvraient sur les vieux arbres poussiéreux de la place étaient immenses et splendides ; chacun avait trois grandes fenêtres qui descendaient presque au niveau des genoux. La cheminée datait de la fin du XVIIIe siècle. Mrs. Bodoin avait choisi, pour garnir les pièces, un mobilier où un aimable souvenir de l'époque Louis XVI se confondait avec le style Empire, sans se limiter à un goût particulier. Elle avait cependant conservé un tapis d'Aubusson, vraiment remarquable, qui avait jadis orné sa maison. Il semblait presque neuf, comme s'il n'avait que deux ans. Voyant, mais admirable, il étalait sur le parquet des bordures de roses rouges et un déploiement merveilleux et éclatant de roses gris argent et gris or, de lis, de cygnes magnifiques et de volutes en forme de buccins. Les gens se disant artistes le trouvaient trop criard, ils préféraient l'Aubusson usé, d'un jaune terne, de la grande chambre à coucher.

Mais Mrs. Bodoin aimait le tapis de son salon. Il était « positif », sans être vulgaire. Il avait grande allure malgré son éclat. Elle sentait que c'était le décor qui lui convenait. Et il s'accordait parfaitement avec ses armoires peintes, ses fauteuils de brocart gris et or, ses grands vases orientaux qu'elle aimait à remplir de grosses fleurs : pivoines simples de Chine, énormes roses, hautes tulipes, lis orange. Cette pièce londonienne presque obscure, que l'atmosphère teintait de gris, autorisait les grandes fleurs hardies et vibrantes.

Virginia, pour la première fois de sa vie, eut le plaisir d'installer un intérieur. Elle était de nouveau entièrement sous le charme de sa mère et s'y abandonnait, frémissante jusqu'à la moelle des os. Elle n'avait pas imaginé que sa mère pouvait avoir en réserve des trésors comme ces armoires peintes, ces tapis et ces fauteuils de brocart : la plupart de ces meubles étaient les derniers débris de la demeure des Fitzpatrick en Écosse, Mrs. Bodoin étant en effet une Fitzpatrick. Comme une enfant, comme une jeune mariée, Virginia se consacra tout entière à l'installation de l'appartement. « Bien entendu, Virginia, je considère que tu es ici chez toi, dit Mrs. Bodoin. Je ne suis que ta dame de compagnie et j'exécuterai tous tes désirs, si tu veux bien les exprimer. »

Virginia en exprima quelques-uns, mais pas beaucoup. Elle apporta quelques tableaux achetés à des peintres sans le sou qu'elle protégeait et qui semblaient composés par des fous. Mrs. Bodoin jugea que ces tableaux étaient « positifs » au mauvais sens du mot, et montraient ce qu'il eût fallu ignorer, mais elle les laissa dans la mesure du possible. C'était, pensait-elle, un nécessaire élément de laideur moderne. Mais par cet élément moderne, d'une laideur agressive et voulue, il était facile de reconnaître les choses que Virginia avait introduites dans l'appartement.

Peut-être rien ne monte-t-il à la tête comme d'aménager une maison. C'est un véritable enivrement. On a l'impression de créer. De nos jours, il ne s'agit plus de foyer, ni de nid familial, on dit « mon appartement », ou « ma maison », le grand vêtement qui manifeste « ma personnalité et en même temps l'habille ». Mrs. Bodoin qui, à tête reposée, faisait des projets pour Virginia, gardait un calme relatif, mais elle aussi frissonnait jusqu'à la moelle des os, et elle montrait une ardeur et une férocité extraordinaires avec les décorateurs et les marchands de meubles. Mais Virginia était ivre du matin au soir, comme si elle eût touché un bouton magique sur le mur gris de la vie et qu'à un « Sésame ouvre-toi », ses pièces charmantes et multicolores fussent sorties du royaume des fées. Si elle avait hérité d'un duché, elle n'aurait pas éprouvé une joie plus vive et plus merveilleuse.

La mère et la fille, l'une vêtue de cramoisi éteint, l'autre en lamé d'argent, se mirent à recevoir. Bien entendu, il s'agissait surtout d'hommes. Car la société des femmes mettait Mrs. Bodoin au désespoir. Et puis Virginia ne connaissait guère que des hommes. Il y eut donc des dîners et des soirées de belle tenue.

Tout marchait bien, mais quelque chose semblait manquer. Mrs. Bodoin désirait être agréable, aussi se tenait-elle un peu à l'écart. Elle restait distante, calme, reposée, très XVIIIe siècle et déterminée à servir de contraste à Virginia, intelligente et malicieuse comme un lutin. C'était une pose qui, hélas ! jetait un froid parmi les invités. Elle était très aimable avec les hommes, malgré le mépris qu'elle ressentait pour eux. Mais les hommes étaient gênés en sa présence : ils avaient peur.

Ce que sentaient tous ces invités, c'était qu'ils n'étaient pas vraiment au centre des attentions. Tout ce qui arrivait se jouait entre la mère et la fille. Il n'y avait échange d'ondes qu'entre la mère et la fille. Un charme subtil et hypnotique entourait les deux femmes et malgré tous leurs efforts, les hommes en étaient exclus. Plus d'un jeune homme un peu ébloui sentit qu'il commençait à devenir amoureux de Virginia. Mais c'était une quête impossible. Non seulement il était exclu de leur intimité, mais il se retrouvait en quelque sorte annihilé. Toute spontanéité s'évanouissait dans son cœur, tandis que les deux femmes, assises, éclatantes et merveilleuses, aux deux bouts de la table, magnétiquement unies, ressemblaient à deux sorcières, espèce de double Circé transformant les hommes non en porcs, ce qui n'aurait pas été pour leur déplaire, mais en simples bûches.

C'était tragique, parce que Mrs. Bodoin désirait pour Virginia amour et mariage. Elle le souhaitait sincèrement, attribuant au coupable Henry le manque de sociabilité de Virginia. Elle ne se rendit jamais compte du charme hypnotique qui émanait d'elles : il empêchait les hommes de les atteindre, la mère comme la fille.

Durant cette période, Mrs. Bodoin dissimula son sens de l'humour. Elle avait notamment un vrai talent d'imitatrice. Elle savait parodier les domestiques irlandais de la maison de son enfance, ou les Américaines qui lui rendaient visite, ou encore les jeunes gens modernes et androgynes, qui, avec leur voix chuchotante et leurs regards furtifs abrités par leurs sourcils, cherchaient à lui faire sentir son côté insignifiant et très bourgeois. Elle les nommait « les asphodèles ». « Bien entendu, vous savez que l'asphodèle est une sorte d'oignon. Oh oui ! simplement un oignon trop cultivé. » Elle savait les imiter avec un talent qui confinait au génie. C'était dévastateur. Cette ironie démolissait si complètement les objets auxquels elle s'attaquait, les pulvérisait avec un marteau si impitoyable, les réduisait à rien d'une façon si terrible qu'elle effrayait les gens, particulièrement les hommes.

Et elle effrayait tant les hommes qu'ils n'avaient qu'à s'enfuir.

Mrs. Bodoin cachait donc son humour. Elle le dissimulait avec soin. Mais il se tenait toujours là, en réserve, cet humour impitoyable, semblable à un marteau qui frappait l'objet sur la tête et lui faisait sauter la cervelle. Elle essaya de le renier. Elle essaya de faire croire à Virginia qu'elle en avait perdu le don. En vain : le marteau caché dans sa manche menaçait la tête de chaque invité, et chacun sentait un fourmillement sur son cuir chevelu. Quant à Virginia, elle frissonnait et arborait un petit sourire malicieux et un peu idiot lorsqu'un nouvel imbécile d'homme était frappé par l'instrument magique. C'était une sorte de jeu mystérieux.

Non, le projet de Mrs. Bodoin ne serait pas mis à exécution, ce projet qui consistait à voir Virginia gagnée par l'amour et se marier. Bien entendu, les hommes sont des bûches, de vrais *œufs farcis*[1]. L'un d'eux, du moins, inspirait de

1. En français dans le texte.

grands espoirs à Mrs. Bodoin. C'était un jeune homme sain, normal et très beau, de bonne famille, sans argent, hélas! mais secrétaire à la Chambre des Lords, de bel avenir quoique pas très malin, mais éperdument amoureux de l'intelligence de Virginia. C'était exactement le jeune homme que Mrs. Bodoin aurait épousé elle-même. Il est vrai qu'il n'avait que vingt-six ans et que Virginia en avait trente-et-un. Mais il avait fait partie de l'équipe de rameurs d'Oxford, adorait les chevaux, en parlait d'une façon adorable et était fou de l'intelligence de sa fille. Pour lui, Virginia avait la plus belle intelligence qu'on put trouver sur terre. Elle était aussi extraordinaire que Platon, mais infiniment plus séduisante, parce qu'elle était une femme et une femme charmante. Imaginez un Platon charmant avec des boucles en désordre, des yeux marron dont l'un louche imperceptiblement, laissant à peine deviner le besoin émouvant qu'une femme peut avoir d'un protecteur, et vous pourrez imaginer les sentiments d'Adrian pour Virginia. Il l'adorait à genoux, tout en sentant qu'il pouvait la protéger.

— Bien entendu, ce n'est qu'un très gentil garçon, déclarait Mrs. Bodoin. C'est un enfant, c'est tout ce qu'on peut dire. Et ce sera toujours un enfant. Mais ce genre d'homme est du genre le plus charmant, c'est le seul avec lequel on peut vivre : l'enfant éternel. Virginia, ne te plaît-il pas ?

— Si, mère ! Je trouve que c'est un très gentil garçon, comme vous le dites, répondit Virginia de sa voix lente, musicale et pensive. Mais son ton de moquerie légèrement méprisante repoussait Adrian vers le néant. Virginia n'allait pas épouser un gentil garçon ! Elle distillait sa malice elle aussi, et savait tourner en dérision le penchant de sa mère. Mrs Bodoin laissa échapper un petit geste d'impatience.

Car Mrs. Bodoin avait pris la décision de s'éloigner et de laisser complètement l'appartement à Virginia, avec la moitié de ses revenus, si elle épousait Adrian. Oui, la mère faisait déjà des projets pour vivre le plus dignement possible avec trois cents livres par an lorsque Virginia serait heureusement mariée à ce garçon séduisant quoiqu'un peu sot.

Un an plus tard – Virginia avait alors trente-deux ans – Adrian qui, pendant ce temps, avait épousé une riche Américaine et avait obtenu un poste à l'ambassade de Washington, revint à Londres, et, toujours fidèle, rendit visite à Virginia et s'agenouilla à ses pieds ; dans l'ardeur de sa fidélité, il se dit qu'elle était la femme la plus extraordinaire et la plus intelligente du monde et qu'elle aurait pu faire des merveilles avec lui, merveilles qui ne s'accompliraient jamais puisqu'il s'était marié entre-temps.

Virginia était hâve et lasse. Le système du ménage à deux avec sa mère avait fait long feu. Désormais la fatigue du travail se lisait sur le visage de la jeune femme, malgré ses étonnantes capacités. Mais l'aisance ne suffisait pas. Il lui fallait gagner son argent et le gagner durement. Elle était obligée de trimer et de consacrer à sa tâche toutes ses pensées. Lorsqu'elle pouvait travailler en utilisant sa vive intuition et sans trop de responsabilité, la besogne la passionnait. Mais dès qu'elle devait s'y mettre corps et âme, comme on dit, bûcher et concentrer toute son attention, supporter le poids des responsabilités, elle l'épuisait. Elle ne pouvait y arriver qu'au prix d'un douloureux effort nerveux. Il lui manquait dans cette lutte la force de résistance d'un homme. Car un homme peut faire appel au vieil Adam qui dort en lui pour vaincre les obstacles. Une femme doit tout tirer de ses nerfs et de ses nerfs seuls. Car l'Ève cachée dans son cœur n'a pas été créée pour une telle tâche. Cette responsabilité intellectuelle, cette attention de tous les instants, ce surmenage cérébral peut exténuer une femme, surtout si elle est son propre chef et ne travaille pas au service d'un autre.

La pauvre Virginia était donc épuisée. Elle paraissait maigre comme un clou. Ses nerfs partaient en lambeaux. Et elle ne pouvait jamais s'abstraire de cet odieux travail. Elle rentrait à l'heure du thé, muette et à demi-morte. Sa mère, torturée par ce spectacle, avait envie de dire : « Que se passe-t-il, Virginia ? As-tu eu des ennuis au bureau aujourd'hui ? » Mais elle avait appris à se taire. La moindre question aurait été pour les pauvres nerfs surmenés de Virginia la goutte d'eau qui fait déborder le vase. Il y aurait eu une petite scène qui aurait touché au vif Mrs. Bodoin, malgré son calme et sa patience. Une amère expérience lui avait enseigné à laisser sa fille tranquille, tout comme on se garde de toucher à un flacon fragile empli de vitriol. Bien entendu, elle ne pouvait détourner ses pensées de sa fille. C'était impossible. Et la pauvre Virginia, les nerfs tendus tant par le travail que par la sollicitude constante et terrible de sa mère, se trouvait à bout de forces et d'énergie.

Mrs. Bodoin ne s'était jamais satisfaite de la situation de sa fille. À présent cette idée lui était odieuse. Elle éprouvait pour le ministère entier une haine violente et virulente. Non seulement elle jugeait contraire à la dignité de Virginia d'être coincée dans ces lieux, mais cette besogne faisait de son enfant une vieille fille maigre, hargneuse et effroyable. Pouvait-on s'effrayer d'une chose plus sinistrement anglaise et plus humiliante pour une Irlandaise de bonne naissance ?

Après une longue journée passée à vaquer aux soins de la maison, après avoir raccommodé avec adresse le brocart de l'un des fauteuils, poli les miroirs de Venise jusqu'à ce qu'ils eussent un incomparable éclat, choisi des fleurs, fait quelques courses et quelques petites besognes domestiques, s'être assurée que tout était parfait, après avoir reçu des visites l'après-midi avec une vigueur toujours renouvelée, Mrs. Bodoin quittait le salon, après le thé, écrivait quelques lettres, prenait son bain, s'habillait avec grand soin – elle aimait à s'occuper de sa personne – et descendait pour dîner, fraîche comme une pâquerette, quoique beaucoup plus énergique que cette fleur paisible. Elle était prête alors à disposer d'une longue soirée.

Elle sentait, avec une anxiété qui la rongeait, la présence de Virginia dans la maison, mais elle ne voyait pas sa fille avant l'annonce du dîner. Virginia entrait furtivement, se glissait jusqu'à sa chambre sans qu'on la vît et n'allait jamais prendre le thé au salon. Si Mrs. Bodoin entendait la clé de sa fille tourner dans la serrure, elle se cachait vite dans une pièce et attendait que Virginia fût passée sans gêne. Croiser quelqu'un dans la maison quand elle rentrait du bureau aurait été trop pour les nerfs de la pauvre Virginia. À peine supportait-elle d'entendre le murmure de la voix des visiteurs à travers la porte du salon.

Mrs. Bodoin s'interrogeait : « Comment va-t-elle ? Comment va-t-elle ce soir ? Qui sait comment elle a passé la journée ? » Et cette pensée furtive rôdait dans la maison et arrivait jusqu'à Virginia allongée dans sa chambre. Mais la mère devait ronger son frein jusqu'au dîner. Virginia paraissait alors, de larges cernes noirs sous les yeux, maigre, les nerfs à fleur de peau, jeune femme gardant le stigmate de sa journée au bureau, mal habillée, l'humeur un peu aigre, l'estomac délabré, ne s'intéressant à rien, anéantie par son travail. Et Mrs. Bodoin, meurtrie par ce spectacle, se maîtrisait, n'osait que les légers riens d'une conversation banale, et restait assise en grand apparat, présidant un dîner soigneusement cuisiné, et uniquement composé pour plaire à Virginia. Pourtant, Virginia remarquait à peine ce qu'elle mangeait.

Mrs. Bodoin désirait de tout son cœur une soirée qui serait un peu animée. Mais Virginia s'étendait sur le divan et faisait marcher le haut-parleur. Ou bien elle mettait un disque comique sur le phonographe, riait, le remettait, riait encore et l'écoutait six fois de suite et six fois s'amusait de ce disque à peine drôle que Mrs. Bodoin connaissait désormais par cœur. « Mais, Virginia, je pourrais te réciter tout ce qu'il y a sur ce disque, si tu voulais, sans que tu aies besoin de le remettre. » Et Virginia semblait ne pas avoir entendu les paroles de sa mère, et après un long silence elle répondait : « J'en suis sûre, Mère. » Et ces simples mots exprimaient un mépris si évident pour tout ce que Rachel Bodoin était, pouvait être ou avait jamais été, pour son énergie, sa vitalité, son esprit, son corps, son existence même, que la vieille dame se faisait toute petite. Il semblait que le fantôme de Robert Bodoin parlait par la bouche de la fille, pleine d'un venin mortel. Et Virginia remettait le disque pour la septième fois.

Au cours de la seconde année lugubre qu'elles passèrent ainsi, Mrs. Bodoin comprit qu'elle avait perdu la partie. Elle était vaincue, elle n'était plus qu'une femme sans but et sans signification. Le marteau de son terrible humour féminin, qui s'était abattu sur la tête de tant de gens, tous ceux en réalité qu'elle avait fréquentés, se retournait contre elle et la frappait. Sa fille semblait son alter ego. Le secret, le sens et le pouvoir de la vie entière de Mrs. Bodoin résidaient dans ce marteau, le marteau de son humour vivant qui frappait toute chose sur la tête. Tel avait été l'objet de sa convoitise, son unique passion : assommer chaque être et chaque chose sous le poids de son ironie. Elle se sentait presque, en agissant ainsi, animée de l'esprit de Dieu : comme s'il s'agissait d'une sorte de mission. Et elle avait espéré transmettre le marteau à Virginia, sa fille intelligente mais manquant de fermeté et qui était le prolongement de sa personnalité. Virginia était vraiment l'alter ego de Rachel.

Mais hélas, ce n'était qu'une demi-vérité. Car Virginia avait eu un père. Ce fait dont la mère n'avait pas voulu tenir compte, lui était peu à peu prouvé par l'étrange mouvement en arrière du marteau. Virginia était la fille de son père. Y avait-il quelque chose de plus inconvenant, de plus horrible, de plus inique dans l'ordonnancement de la nature ? Car Robert Bodoin, qui le méritait bien, avait été complètement assommé par le marteau de Rachel. Quoi de plus révoltant que de le voir ressusciter dans la personne de la propre fille de Mrs. Bodoin, son propre alter ego, Virginia, et se mettre en devoir de rendre les coups avec un petit marteau rancunier qui faisait penser à la pierre de David face à l'arme de Goliath.

Mais la petite pierre fut mortelle. Mrs. Bodoin la sentit s'enfoncer dans son front et dans sa tempe : un seul coup l'acheva. Le marteau tomba de ses mains sans force.

Les deux femmes se retrouvaient désormais presque toujours seules. Virginia était trop fatiguée le soir pour inviter du monde. La soirée se passait donc devant le haut-parleur, le phonographe ou en silence. Toutes deux en arrivaient à prendre l'appartement en horreur. Virginia sentait qu'elle affrontait la dernière grande bravade de sa mère, défiée par le présomptueux tapis d'Aubusson, les odieux miroirs de Venise, les grandes fleurs de serre. Elle ressentait même une provocation devant l'excellente nourriture, alors qu'elle désirait de tout son cœur un simple restaurant de Soho et deux petites pièces dans un hôtel. Elle détestait l'appartement ; elle en arrivait à tout détester. Mais elle manquait d'énergie pour changer, pas la moindre énergie pour faire quoi que ce soit. Elle se traînait à son travail et, le reste du temps, elle demeurait morne et abattue.

C'est l'inertie et l'épuisement de Virginia qui constituèrent le coup de grâce pour Mrs. Bodoin. Ce fut la petite pierre qui frappa l'os de sa tempe : « Être obligée d'assister à l'enterrement de ma fille et de recevoir les condoléances de tous ses collègues du bureau, non, c'est une ultime humiliation que je dois m'épargner. Non ! Si Virginia veut être employée, qu'elle le soit désormais sous sa propre responsabilité. Je me retirerai de son existence. »

Mrs. Bodoin s'était efforcée de persuader Virginia d'abandonner son travail et de vivre avec elle. Elle lui avait offert la moitié de ses revenus. En vain. Virginia restait fidèle à son bureau.

Très bien ! Qu'il en soit ainsi ! L'appartement était un fiasco. Mrs. Bodoin mourait d'envie de le mettre en pièces. Un dernier coup du marteau, décisif cette fois :

— Virginia, ne crois-tu pas que nous ferions mieux de nous débarrasser de l'appartement et de vivre comme nous en avions l'habitude ? Ne crois-tu pas que ce serait mieux ?

— Mais tout l'argent que vous avez dépensé ? Et le bail de dix ans ? s'écria Virginia sans sortir de son inertie.

— Tant pis ! Nous avons connu les plaisirs de l'installation. Et nous avons épuisé tout le charme que nous avons pu trouver à y habiter. Maintenant mieux vaut nous en débarrasser rapidement, ne crois-tu pas ?

Mrs. Bodoin ressentait jusque dans ses mains la violente démangeaison d'arracher les tableaux des murs, de rouler le tapis d'Aubusson, d'enlever des vitrines, séance tenante et sans perdre une minute, les porcelaines incrustées de nacre.

— Attendons dimanche avant de nous décider, dit Virginia.

— Dimanche ? Quatre jours ! Tant que cela ? Ne sommes-nous pas décidées au fond de nous ? dit Mrs. Bodoin.

— Nous attendrons dimanche quand même, répéta Virginia.

Le lendemain soir, l'Arménien vint dîner. Virginia l'appelait Arnold et prononçait ce nom *Arnault*, à la française. Mrs. Bodoin qui pouvait à peine le supporter et ne pouvait prononcer son nom qui semblait plein de « hou » et de « yourn » l'appelait soit l'Arménien, soit le Rahat Loukoum, ou encore les Délices Turques.

— Arnault vient dîner ce soir, mère.

— Vraiment ! Les Délices Turques viennent dîner ici ? Faut-il que je commande un menu spécial ?

Et son ton semblait proposer un aspic d'escargots.

— Je ne le crois pas.

Virginia avait vu très souvent l'Arménien au bureau où elle avait eu à négocier avec lui au nom du ministère du Commerce. C'était un homme d'environ soixante ans, un marchand qui, millionnaire autrefois, avait été ruiné pendant la guerre, mais qui se relevait maintenant et commerçait au nom de la Bulgarie. Il désirait négocier avec le gouvernement anglais, et celui-ci avait eu la bonne idée de négocier avec lui en usant de Virginia comme première intermédiaire. Des pourparlers satisfaisants s'étaient engagés entre Monsieur *Arnault* comme l'appelait Virginia, et le ministère du Commerce. Une forme d'amitié avait alors prolongé les relations officielles.

Le Rahat Loukoum avait soixante ans, il était gras et grisonnant. Veuf, Il avait de nombreux petits-enfants qui grandissaient en Bulgarie. Sa moustache grise était coupée en brosse et sur ses yeux marron et vitreux pendaient de lourdes paupières aux cils blancs. Il paraissait humble, mais sa démarche trahissait une certaine suffisance obstinée, une alliance qu'on remarque parfois chez les Juifs. Il avait été très riche et habitué aux courbettes ; il avait subi ruine et humiliation, une terrible humiliation, et maintenant, avec obstination, il se relevait, aidé par ses fils demeurés en Bulgarie. On sentait qu'il n'était pas seul. Il avait ses enfants, sa famille, sa tribu derrière lui, au loin, vers l'est.

Son anglais était médiocre, mais il parlait assez couramment le français avec un accent guttural. Il ne causait pas beaucoup d'ailleurs et se tenait simplement assis. Il restait dans cette position avec ses cuisses courtes et grasses, comme s'il était installé pour l'éternité. Il émanait de l'immobilité de ce gros homme une étrange puissance, comme si son postérieur était relié au centre même de la Terre. Et son esprit, dont toutes les pensées tournaient autour de la seule question importante, les affaires, restait très alerte. Les affaires l'absorbaient, mais sans énervement et d'une façon presque détachée. Sans qu'on sût comment, on sentait toujours la famille, le clan derrière lui. C'était pour la famille, pour le clan qu'il travaillait.

Avec les Anglais, il était humble, car les Anglais goûtent l'humilité chez les étrangers comme lui, et les Turcs lui avaient fait faire un long apprentissage de cette vertu. Et il n'était jamais qu'un intrus. Personne ne faisait attention à lui en société. Ce n'était qu'un intrus assis dans un coin.

— J'espère, Virginia, que tu n'inviteras pas ce marchand de tapis turcs quand nous aurons d'autres convives. C'est une chose que je ne puis tolérer, dit Mrs. Bodoin. Certaines personnes pourraient s'en froisser.

— C'est vraiment difficile de ne pouvoir inviter qui on veut dans sa propre maison, riposta Virginia d'un ton moqueur.

— Pour mon compte, cela m'est égal. Je peux recevoir n'importe qui. Et je suis sûre que lorsqu'il s'agit de vendre des tapis, ce monsieur n'a pas son pareil. Mais j'espère que tu ne le considères pas comme un ami personnel ?...

— Si. Il me plaît beaucoup.

— Ça, par exemple ! Comme tu voudras. Mais pense à tes autres amis.

Mrs. Bodoin était cette fois-ci vraiment mortifiée. L'Arménien, à ses yeux, n'était pas plus qu'un de ces gros Levantins coiffés d'un fez qui essaient de vendre, devant la mer, d'affreuses descentes de lit à Port-Saïd ou à Nice. Pour elle, il n'appartenait pas à l'espèce humaine et devait être rangé parmi les insectes. Son passé de millionnaire et qu'il pût le redevenir ne faisait qu'ajouter une vive animosité au dégoût qu'elle éprouvait d'être ainsi mise en contact avec l'écume de la société. Elle ne pouvait même pas l'écraser ou le réduire à néant. Dans l'écume, il n'y a rien à écraser, car ce n'est que le résidu répugnant de tout ce qui a déjà été écrasé. Pas moyen de lui rendre justice. Il était gras, c'est vrai, et quand il était assis, avec ses cuisses courtes, il ressemblait à un crapaud installé là pour l'éternité des crapauds. Son teint avait la couleur malsaine de la pâte, ses yeux noirs étaient vitreux sous de lourdes paupières. Et il n'ouvrait jamais la bouche tant qu'on ne lui adressait pas la parole : il attendait comme un esclave, figé dans son silence de batracien.

Mais de ses beaux cheveux épais et blancs, qui se dressaient sur sa tête comme une brosse soyeuse, émanait une étrange virilité. Ses petites mains extraordinaires, de la même pâte terne et molle que son visage, grasses et pourtant masculines, avaient une distinction singulière. Dans ses yeux d'un brun terne pouvait briller l'astuce du serpent sous la brosse blanche des sourcils. Il était las, mais pas vaincu. Il avait lutté, gagné et perdu, et il se battait de nouveau, affrontant toujours les autres. Il appartenait à une race vaincue, qui accepte la défaite mais qui reprend par la ruse tout ce qu'on lui a enlevé. Il était le père de grands fils, le chef de famille, l'un des chefs d'un clan défait mais indestructible. Ce qui fait qu'il n'était pas seul, se rendant insaisissable. Le sentiment d'être un patriarche, un chef de tribu, guidait ses actes. Et tout en se montrant humble, il avait l'air indestructible.

Il se tenait à table, presque effacé, humble, mais content de lui comme le sont les humbles. Il témoignait d'un savoir-vivre parfait, usant d'une politesse presque française. Virginia lui parlait en français, et il répondait avec la nonchalance boulevardière qui était la seule attitude qu'il sût adopter quand il parlait cette langue. Mrs. Bodoin comprenait, mais elle n'était pas ce qu'on appelle une linguiste distinguée, aussi lorsqu'elle disait quelques mots, c'était en anglais et avec une énergie significative. Et le Rahat Loukoum se hâtait de répondre dans son anglais maladroit. Ce n'était pas sa faute si l'on parlait français, c'était Virginia qui le voulait ainsi.

Il se montrait très humble et très conciliant avec Mrs. Bodoin. Mais il jetait parfois sur elle l'éclair rapide de son œil de serpent, comme pour dire : « Oui, je vous vois ! Vous êtes belle. En tant qu'objet d'art, vous êtes presque parfaite. » Ainsi, son œil de connaisseur et d'antiquaire la jugeait.

Mais ses épais sourcils blancs semblaient ajouter : « Mais au nom du ciel, quelle femme êtes-vous ? Vous n'êtes ni épouse, ni mère, ni amante, vous semblez n'avoir aucun sexe, vous êtes plus redoutable qu'un soldat turc ou un fonctionnaire anglais. Aucun homme sur terre ne pourrait vous embrasser. Vous êtes une goule, un étrange génie sorti des enfers ! » Et il récitait secrètement les noms des dieux en leur demandant de le protéger.

Cependant il était amoureux de Virginia. Il voyait d'abord en elle une enfant, une sorte de fillette abandonnée dans le ruisseau, une petite vagabonde dont les yeux marron, s'ils louchaient un peu, n'en étaient que plus ensorcelants, et qui attendait quelqu'un pour la recueillir. Une enfant errante et sans père ! Et lui était père de tribu, père de toute éternité.

Par ailleurs, il connaissait son habileté en affaires et son désintéressement. Et cela aussi l'ensorcelait : cette intelligence étrange, impersonnelle, qui ne s'appuyait sur rien de réel et tenait presque du don de seconde vue. Cela lui paraissait très bizarre. Mais ce serait pour lui une aide inappréciable dans ses projets. Il ne comprenait pas du tout les Anglais. Il était déconcerté en leur présence. Mais Virginia lui tendrait le fil d'Ariane. Car tout compte fait, elle était quelqu'un parmi ces Anglais et ces fonctionnaires.

Il avait environ soixante ans. Sa famille était établie en Orient, ses petits-enfants grandissaient. Il avait besoin de séjourner à Londres pendant quelques années. La jeune femme serait utile. Elle n'avait pas d'argent, à l'exception de ce dont elle hériterait de sa mère. Tant pis, c'était un risque à courir : ce serait un placement qu'il ferait pour la prospérité de ses affaires. Et puis il y avait l'appartement. L'appartement lui plaisait beaucoup. Il appréciait son cachet ; les lis et les cygnes du tapis d'Aubusson lui inspiraient un vrai respect. Virginia lui avait dit : « Ma mère m'a donné l'appartement ». Il jugeait donc que c'était une chose entendue. Enfin, Virginia était presque vierge, peut-être tout à fait vierge et, à ses yeux de patriarche oriental, entièrement vierge. Il avait une très piètre idée de la sensualité sotte et vaniteuse des Anglais, si différente de la volupté mâle et prolongée de ses propres plaisirs.

Et surtout il était physiquement seul, il devenait vieux et se sentait las.

Virginia, bien entendu, ne savait pas pourquoi la société d'Arnault lui plaisait. Son intelligence faisait place à une stupidité extraordinaire quand elle se trouvait devant les êtres réels. Elle disait qu'il était « cocasse ». Elle prétendait que son français nonchalant des boulevards était « amusant ». Elle trouvait son astuce en affaires « machiavélique » et la lueur de ses yeux sombres et vitreux sous les cils blancs et épais, tout ce qu'il y a de plus « chic ». Elle le voyait très souvent, prenait le thé avec lui à son hôtel, et un jour, l'accompagna même en excursion en auto jusqu'à la mer.

Lorsqu'il prenait sa main dans ses mains molles et douces, ce contact avait quelque chose de si caressant et de si autoritaire, quand il se penchait sur elle, son geste était si étrange et si positif que, tout en tremblant de crainte, elle se sentait en son pouvoir. « Que vous êtes maigre, chère petite fille, vous avez besoin de repos, de repos pour que la fleur puisse s'épanouir, pauvre petite fleur, pour grossir un peu ! » disait-il en français.

Elle frémissait et s'abandonnait. Quelle étrangeté ! Il était si bizarre et si impérieux ! Comment imaginer qu'il avait tant de pouvoir ! Dès qu'il comprit qu'elle était prête à devenir son esclave, il mena rondement les choses et abandonna toute son indécision et son humilité. Il ne désirait pas simplement flirter avec elle, il voulait l'épouser pour de multiples raisons. Et il lui fallait imposer sa volonté.

Il posa ses lèvres sur la main de Virginia et sembla aspirer toute sa vie en baisant sa main maigre. « La pauvre enfant est fatiguée, elle a besoin de repos, elle a besoin d'être caressée et soignée », dit-il en français. Et il se rapprocha d'elle.

Elle leva un regard éperdu de crainte vers ses yeux luisants, las et sombres sous les cils blancs. Mais il fit appel à toute sa volonté, appuya lourdement son regard sur le sien en calculant qu'elle devait se soumettre. Puis se rapprocha encore, mit doucement sa main sur le visage de la jeune femme et la força à poser la joue sur sa poitrine, tandis que de l'autre main, il lui caressait le bras d'un geste apaisant :

— Chère petite fille ! Chère petite fille ! Arnault l'aime tant ! Arnault l'aime ! Peut-être épousera-t-elle son Arnault ! Chère petite fille ! Arnault remplira sa vie de fleurs, il parfumera sa vie de douceur et de joie.

Elle s'appuya de nouveau contre sa poitrine et se laissa caresser. Elle envoya une pensée rapide, à la fois douloureuse et vindicative, à sa mère. Puis elle sentit que le destin voulait lui imposer sa volonté. Le destin ! Oh ! c'était si bon de s'abandonner à lui sans avoir à lutter.

— Épousera-t-elle son vieil Arnault ? Eh ? Veut-elle l'épouser ? demanda-t-il d'une voix flatteuse et caressante qui ne cessait d'être impérieuse.

Elle leva la tête et le regarda : les épais sourcils blancs, les yeux luisants, las et bruns. Comme c'était étrange et comique ! Comme c'était comique d'être en son pouvoir ! Surtout avec son air un peu déconcerté.

— Le faut-il ? demanda-t-elle avec son petit sourire malicieux.

— Mais oui, répondit-il avec tout le sang-froid de ses vieux yeux. Je te rendrai heureuse, tu verras.

— Tu me rendras heureuse ? répéta-t-elle avec un sourire frémissant, amusée par sa certitude. Tu me contenteras, vraiment ?

— Mais bien sûr ! Je te le promets. Et tu veux bien m'épouser ?

— Il faut que vous en parliez à ma mère, dit-elle, et elle dissimula de nouveau son visage avec espièglerie contre son gilet, tandis que l'orgueil mâle triomphait en lui.

Mrs. Bodoin n'avait pas imaginé que Virginia était intime avec le Rahat Loukoum, elle ne surveillait pas les faits et gestes de sa fille. Pendant le fameux dîner, elle fut calme et un peu lointaine, mais manifestant tout son sang-froid. Lorsque, après le café, Virginia la laissa seule avec les Délices Turques, elle ne fit aucun effort pour entretenir la conversation et se contenta de regarder son hôte petit et gras, correctement vêtu d'un smoking, en songeant que son embonpoint se serait mieux accommodé du fez et des amples culottes de mousseline que portaient les marchands de bazar dans *le Voleur de Bagdad.*

— Préférez-vous vraiment fumer un houka ? demanda-t-elle d'une voix traînante.

— Qu'est-ce qu'un houka, s'il vous plaît ?

— Une pipe à eau. Vous n'en fumez pas en Orient ?

Il parut simplement perplexe et humble, et le silence se réinstalla. Mrs. Bodoin ne se doutait guère de ce qui mijotait sous l'apparente tranquillité de son invité.

— Madame, dit-il, je désire vous demander quelque chose.

— Vraiment ? Alors pourquoi ne pas le demander ? répondit-elle d'une voix traînante et un peu mélancolique.

— Oui ! Voici. Je voudrais avoir l'honneur d'épouser votre fille. Elle accepte.

Il y eut un moment de profond silence. Puis Mrs. Bodoin se pencha vers lui, de loin, avec un mouvement étrange et sinistre.

— Qu'avez-vous dit ? demanda-t-elle. Répétez-le.

— Je voudrais avoir l'honneur d'épouser votre fille. Elle veut bien m'accepter.

Ses yeux sombres et vitreux se levèrent vers elle, puis se détournèrent. Toujours penchée vers lui, elle le regardait fixement comme si un coup de baguette magique l'avait transformée en statue. Elle portait des bijoux de topaze rose, mais il jugea que ce n'était que d'assez bonnes imitations.

— Vous dites qu'elle accepte de vous épouser ? Ai-je bien entendu ? reprit la voix lente, mélancolique et lointaine.

— Madame, je le crois, dit-il en s'inclinant.

— Mieux vaut attendre qu'elle revienne, dit-elle en se rejetant en arrière. Il y eut un silence. Mrs. Bodoin contemplait le plafond. L'Arménien examinait attentivement la pièce, les meubles, les porcelaines dans les vitrines aux incrustations de nacre.

— Je peux proposer cinq mille livres pour le contrat de mariage avec Mademoiselle Virginia, Madame, dit-il. Ai-je raison de supposer qu'elle apportera son appartement et ses appointements de son côté ?

Silence absolu. Il aurait pu tout aussi bien être dans la lune. Mais il savait attendre. Il attendit donc le retour de Virginia.

Mrs. Bodoin contemplait encore le plafond. Le fer était entré dans son âme et lui avait infligé une blessure mortelle. Virginia lui jeta un regard et dit :

— Voulez-vous un whisky à l'eau de Seltz, Arnault ?

Il se leva, s'approcha des carafons et resta debout près d'elle, trapu et gros, homme aux cheveux blancs que la crainte rendait silencieux. On entendit le sifflement du siphon, ils reprirent leurs sièges.

— Arnault vous a parlé, mère ? interrogea Virginia.

Mrs. Bodoin se redressa et regarda Virginia avec de grands yeux hagards, des yeux de hibou. Virginia était terrifiée, cependant elle frémissait de joie. Sa mère était vaincue.

— Est-il vrai, Virginia, que tu acceptes d'épouser ce… cet Oriental ? demanda lentement Mrs. Bodoin.

— Oui, mère, c'est absolument vrai, dit Virginia de sa voix douce et taquine.

Mrs. Bodoin ressemblait à un hibou en plein soleil.

— Puis-je être dispensée de jouer un rôle quelconque dans ton mariage ? Je voudrais n'avoir rien à discuter avec ton futur mari… je veux dire n'avoir aucune affaire à traiter avec lui, dit-elle, lentement et clairement, l'air abasourdi.

— Mais bien sûr, répondit Virginia effrayée, avec un sourire bizarre.

Il y eut un silence. Puis Mrs. Bodoin, vieille femme égarée, fit un effort pour reprendre son sang-froid.

— J'ai cru comprendre que ton futur mari aimerait s'installer dans cet appartement ? Est-ce bien cela ? reprit-elle.

Virginia arbora un petit sourire légèrement grimaçant. Arnault resta assis, carra son postérieur et écouta. Elle se reposait sur lui.

— Eh bien, peut-être, dit Virginia. Il serait peut-être content de savoir que cet appartement m'appartient.

Elle le regarda.

Arnault, gravement, fit un signe affirmatif.

— Tu veux donc qu'il t'appartienne ? dit la voix lente de Mrs. Bodoin. As-tu l'intention d'habiter ici avec ton mari ?

Elle mit une éternité dans ces mots qu'elle prononça avec énergie.

— Oui, je le crois, dit Virginia. Vous avez dit que cet appartement était à moi, mère, vous souvenez-vous ?

— Très bien ! Il en sera ainsi. J'enverrai mon notaire à ce... cet Oriental si tu veux écrire des instructions que tu laisseras sur mon bureau. Puis-je te demander à quelle date tu penses *te marier* ?

— Qu'en dites-vous, Arnault ? demanda Virginia.

— Dans deux semaines, voulez-vous ? répondit-il, assis très droit, les poings sur ses genoux.

— Dans une quinzaine de jours environ, mère, dit Virginia.

— J'ai entendu ! Dans deux semaines ! Très bien ! Dans deux semaines, tout sera à ta disposition. Et maintenant, je vous prie de m'excuser.

Elle se leva, fit un vague signe de tête et, calme malgré son trouble, sortit du salon. C'était tuant pour elle de ne pouvoir pousser des cris et chasser à coups de poing ce Levantin de sa maison. Mais elle ne le pouvait pas. Elle s'imposait cette contrainte.

Arnault, les yeux étincelants, promena son regard dans la pièce. Tout cela lui appartenait.

Quand ses fils viendraient en Angleterre, c'est là qu'il les recevrait.

Il se tourna vers Virginia. Elle aussi maintenant était pâle et égarée. Et elle s'élança loin de lui comme si elle éprouvait quelque ressentiment. Elle était irritée de la défaite de sa mère. Elle était encore capable de le chasser à jamais et d'aller rejoindre sa mère.

— Votre mère est une personne extraordinaire, dit-il, allant à Virginia et lui prenant la main. Mais elle n'a pas de mari pour la protéger, elle est malheureuse. Je suis peiné de penser qu'elle sera seule. Je serais très heureux si elle voulait habiter ici avec nous.

Le vieux renard rusé savait qu'il ne risquait pas d'être pris au mot.

— Je crains qu'on ne puisse l'espérer, dit Virginia avec un retour de son ancienne ironie.

Elle s'assit sur le divan et il la caressa doucement et paternellement ; recevoir ces caresses, dans le salon de sa mère, parut si saugrenu à Virginia qu'elle en fut amusée. Et comme il voyait que les meubles et les bibelots étaient beaux et précieux, son sang s'enflamma ; il caressa la maigre fille assise à ses côtés avec passion parce qu'elle représentait ces objets de prix et les mettait dans ses mains. Il dit : « Avec moi, vous serez très satisfaite, très contente, je vous contenterai ; ce ne sera pas comme avec Madame votre mère. Et vous engraisserez, vous vous épanouirez comme une rose. Mes soins vous feront vous épanouir comme une rose. Si nous disions la semaine prochaine, hein ? Voulez-vous que ce soit la semaine prochaine, mercredi prochain ? Le mercredi est un bon jour. Voulez-vous que nous choisissions ce jour-là pour notre mariage ?

— Très bien, dit Virginia.

Les caresses lui avaient de nouveau donné un sentiment voluptueux de fatalité : elle s'abandonnait au destin, elle n'avait plus d'effort à faire, elle n'en aurait plus un seul à faire de toute sa vie.

Le lendemain Mrs. Bodoin alla s'installer à l'hôtel. Elle ne revint, et aux heures où elle savait que Virginia était absente, que pour faire ses malles et reprendre ce qui lui appartenait. La mère et la fille communiquaient par lettre lorsque c'était nécessaire.

En cinq jours, Mrs. Bodoin eut fini son déménagement ; les affaires en suspens étaient réglées, ses malles étaient emportées. Elle en avait cinq en tout et pour tout. Dépouillée, chassée, elle partirait pour Paris pour y passer la fin de sa vie.

Le dernier jour, elle attendit dans le salon le retour de Virginia. Elle était assise avec son chapeau et son manteau, comme une étrangère.

— J'ai attendu pour te dire adieu, annonça-t-elle. Je pars demain matin pour Paris. Voici mon adresse. Je crois que tout est réglé. Sinon, préviens-moi et je ferai le nécessaire. Eh bien, adieu… j'espère que tu seras *très heureuse.*

Elle fit traîner sinistrement ces derniers mots. Et Virginia, qui commençait à perdre la tête, recouvra son sang-froid.

— Je crois que je le serai, répondit-elle avec un sourire un peu grimaçant.

— Cela ne m'étonnerait pas, dit Mrs. Bodoin, d'un ton piquant et farouche. Je crois que le grand-papa arménien sait ce qu'il fait. Tu as exactement le type des femmes de harem, après tout.

Les mots sortaient lentement de ses lèvres, et ils tombaient l'un après l'autre avec un flac de profond mépris.

— C'est bien possible ! Comme c'est drôle ! dit Virginia. Mais je me demande où j'ai pris cela ? Pas de vous, mère…

Elle parlait d'une voix traînante et malicieuse.

— J'en suis sûre.

— Peut-être mères et filles suivent-elles la loi des contrastes, comme les rêves, remarqua cruellement Virginia. Vous n'aviez rien en vous d'une femme de harem, alors moi, j'ai tout pris.

Les yeux de Mrs. Bodoin lancèrent des éclairs.

— Je te plains de tout mon cœur, dit-elle.

— Merci, ma chère. Je vous plains un peu aussi.

L'ADORABLE DAME

À SOIXANTE-DOUZE ANS, Pauline Attenborough pouvait encore quelquefois, quand la lumière n'était pas trop vive, en paraître trente. C'était vraiment une femme merveilleusement conservée, d'un chic parfait. Bien entendu, c'est beaucoup d'avoir une charpente sans défaut. Elle ferait un squelette exquis, et son crâne serait un crâne exquis, pareil à celui d'une femme étrusque, gardant encore un charme féminin dans la courbe des os et dans les jolies dents naïves.

Le visage de Mrs. Attenborough avait cet ovale parfait et cette forme un peu plate qui résistent le mieux au temps. Il n'y a pas de chair qui puisse faire des plis. Son nez bien planté décrivait une courbe sereine. Cependant ses grands yeux gris étaient un tout petit peu proéminents à la surface de son visage, et c'étaient eux qui la trahissaient le plus. Les paupières bleuâtres étaient lourdes, comme si elles faisaient un effort douloureux pour garder en dessous d'elles des yeux malicieux et brillants. Au coin de ceux-ci s'étendait un réseau de petites rides presque imperceptible qui se relâchait parfois en donnant au visage une expression lasse et égarée, puis se tendait de nouveau ; Pauline reprenait alors son air serein et joyeux, et pouvait ressembler à une figure de Léonard de Vinci qui saurait rire aux éclats.

Sa nièce Cécilia était peut-être la seule personne au monde qui savait qu'un invisible petit fil reliait les rides et la volonté de Pauline. Elle seule voyait parfaitement les yeux prendre un air égaré, vieux et las, et rester ainsi pendant des heures jusqu'au retour de Robert. Mais alors, pan ! le mystérieux petit fil qui fonctionnait entre la volonté de Pauline et son visage se tendait, les yeux las, égarés, à fleur de tête, se mettaient brusquement à rayonner, les paupières se relevaient, les étranges sourcils recourbés qui déployaient des arcs si délicats sur le front de Pauline prenaient une expression moqueuse et l'adorable dame se montrait à vous dans tout son charme.

Elle avait vraiment trouvé le secret de l'éternelle jeunesse ; c'est-à-dire qu'elle pouvait revêtir sa propre jeunesse de nouveau comme un aigle son plumage. Elle la ménageait néanmoins, assez prudente pour ne pas essayer d'être jeune pour trop de gens : son fils Robert, le soir, et Sir Wilfred Knipe quelquefois l'après-midi pour le thé, de temps en temps, des visiteurs le dimanche, quand Robert était là, et pour eux, elle devenait un être exquis et immuable, que l'âge ne parvenait pas à flétrir, ni l'habitude dépouiller de son attrait, si gaie, si aimable, et cependant subtilement moqueuse comme une Mona Lisa à qui l'on n'aurait pu en raconter. Mais Pauline était plus maligne encore, et elle l'était trop pour être orgueilleuse d'elle-même ; elle savait rire de cet éclat délicieux et moqueur de bacchante qui n'appartenait qu'à elle, qui n'était pas méchant, et tolérait, toujours avec bonne humeur, les vices et les vertus. Les premières, bien entendu, exigent beaucoup plus de patience. C'est du moins ce qu'elle laissait entendre avec espièglerie.

Avec sa nièce, seule, elle ne prenait pas la peine de faire agir le charme. Ciss n'était pas observatrice, en tout cas, et laide avec ça, et puis elle était amoureuse de Robert, et par-dessus tout elle avait trente ans et dépendait d'elle, sa tante Pauline. Oh Cécilia ! À quoi bon jouer de la musique pour elle !

Cécilia, que sa tante et son cousin Robert appelaient simplement Ciss (qui sonne comme le bruit d'un chat en colère), était une jeune femme forte et brune, au nez épaté, elle parlait très rarement, et quand cela lui arrivait, elle exprimait difficilement sa pensée. C'était la fille d'un pauvre pasteur congrégationaliste, le frère de Ronald, le défunt mari de tante Pauline. Ronald et le ministre étant désormais morts tous les deux, tante Pauline avait depuis cinq ans pris Ciss à sa charge.

Ils habitaient tous trois ensemble dans une maison charmante, quoique plutôt étroite, datant de la reine Anne, et située à environ quarante kilomètres de la ville : elle s'élevait dans un petit vallon solitaire, entourée de jardins peu étendus, mais gracieux et agréables. C'était une demeure et une vie idéales pour une femme de soixante-douze ans comme tante Pauline. Quand les martins-pêcheurs faisaient luire leurs ailes étincelantes le long du ruisseau du jardin et se cachaient sous les aunes, quelque chose palpitait dans son cœur. Cela suffit à peindre la femme qu'elle était.

Robert, qui était de deux ans l'aîné de Ciss, allait chaque jour en ville à son étude et se rendait à l'Institut d'études judiciaires. Il était avocat et, à sa secrète mais très profonde honte, ne gagnait qu'environ cent livres par an. Il lui était absolument impossible de dépasser ce chiffre, mais en revanche très facile de ne pas l'atteindre. Bien entendu, cela avait peu d'importance. Pauline avait de l'argent. Mais ce qui était à Pauline était à Pauline, et quoiqu'elle pût donner avec générosité, on avait toujours l'impression de recevoir un cadeau charmant et immérité. Les cadeaux sont d'autant plus charmants qu'ils sont immérités, disait tante Pauline.

Robert était laid lui aussi, et presque incapable de s'exprimer. Il avait une taille moyenne, se montrait carré et replet sans être gras. Seul son visage, blanc et rasé de près, avait l'air gras et faisait quelquefois penser, par son silence et son mystère, à celui d'un prêtre italien. Il possédait les yeux gris de sa mère, en plus sauvages et inquiets. Ciss était peut-être la seule personne qui connaissait l'étendue de sa sauvagerie, son malaise, sa sensation permanente de se trouver où il n'aurait pas dû être : presque comme une âme qui serait entrée dans un corps qui ne lui était pas destiné. Mais il n'en laissait rien paraître. Il allait à son étude et apprenait le droit, intéressé par les vieux procès étranges. Il possédait sans que nul le soupçonnât, à l'exception de sa mère, une collection tout à fait extraordinaire de vieux documents juridiques provenant du Mexique : rapports de procès et de jugements, plaidoiries, accusations, mélange fantastique et terrible de droit ecclésiastique et de droit coutumier du XVIe siècle. Il avait commencé une étude à ce sujet après avoir trouvé, par hasard, un rapport du jugement rendu au Mexique en 1620 contre deux matelots anglais coupables de meurtre, et il avait poursuivi sa quête ; le document suivant fut une accusation contre un certain Miguel Estrada qui avait séduit une des religieuses du couvent du Sacré-Cœur d'Oaxaca en 1680.

Pauline et son fils passaient des soirées merveilleuses à compulser ces vieux papiers. L'adorable dame connaissait un peu d'espagnol. Elle ressemblait même un peu, lorsqu'elle portait un haut peigne et un admirable châle marron foncé, brodé d'épaisses broderies de soie argent, à une Espagnole. Elle s'asseyait devant la vieille table parfaite dont la surface d'un brun sombre était douce comme le velours ; les cheveux peignés, de longues boucles aux oreilles, les bras nus et encore beaux, un collier de perles à plusieurs rangs autour du cou, une robe de velours puce et entouré de ce beau châle ou d'un autre : à la lueur des bougies, elle ressemblait vraiment à une beauté espagnole de haute lignée, de trente-deux ou trente-trois ans. Elle disposait les bougies de manière à être flattée par leur clair-obscur ; son grand fauteuil à dossier haut était recouvert d'un vieux brocart vert sur lequel son visage se détachait, pareil à une rose de Noël.

Ils étaient toujours trois à table, et se régalaient d'une bouteille de champagne : Pauline but deux verres, Ciss également et Robert le reste. La dame exquise étourdissait de sa verve et rayonnait... Ciss, cheveux noirs coupés, épaules larges, vêtue d'une très jolie et très seyante robe que tante Pauline l'avait aidée à coudre, promenait un regard un peu fixe de sa tante à son cousin et de son cousin à sa tante, les yeux perplexes, muets, couleur noisette, et jouait son rôle d'auditoire admiratif. Et elle admirait tout le temps. Car la verve de Pauline lui ôtait l'usage de la parole, malgré cinq années qui aurait dû la familiariser avec cette situation. Mais au fond de sa conscience se trouvaient rassemblés les éléments d'un document aussi fantastique que ceux que Robert étudiait : tout ce qu'elle savait sur sa tante et son cousin.

Robert était un vrai gentleman, avec une courtoisie formelle et surannée qui dissimulait parfaitement sa sauvagerie. En fait il était, et Ciss le savait, plus embarrassé que sauvage. Et en cela il dépassait sa cousine. La perplexité de Cécilia ne datait que de cinq ans, celle de Robert devait avoir commencé avant sa naissance. Dans le sein de la dame adorable, il avait déjà dû se sentir très embarrassé.

Il entourait sa mère de soins et de prévenances, attiré par elle comme une humble fleur par le soleil. Et cependant, à la façon d'un prêtre, il sentait tout le temps dans un coin de sa conscience que Ciss se trouvait là, qu'elle se tenait un peu à l'écart et que tout n'était pas comme il aurait fallu. Il sentait une troisième conscience dans la pièce. Alors que, pour Pauline, sa nièce Cécilia était bien plus un aspect du décor qui l'entourait qu'une personnalité à part entière.

Robert prenait le café avec sa mère et Ciss, dans le chaud salon où les meubles, tous des pièces de collection, étaient charmants. Mrs. Attenborough avait acquis sa fortune en faisant toute seule commerce de tableaux, de meubles et d'objets rares venus de pays exotiques. Tous trois causaient à bâtons rompus jusqu'à huit heures ou huit heures et demie. C'était très agréable, très paisible, et même très familial : Pauline avait conçu un vrai foyer, douillet, avec ces objets élégants et précieux. La conversation courait, simple et presque toujours gaie. Pauline se montrait vraiment elle-même : elle donnait libre cours à son amicale moquerie et à sa gaieté étrange et ironique. Et puis un léger silence s'installait.

Alors Ciss se levait, souhaitait bonsoir et emportait le plateau du café pour que Burnett ne vînt plus déranger sa tante et son cousin.

Et alors ? Oh alors, l'intimité délicieuse et passionnée du soir se nouait entre la mère et le fils : ils déchiffraient des manuscrits et discutaient. Pauline déployait la fougue juvénile qui la caractérisait. Et de manière parfaitement sincère. De façon mystérieuse, elle avait retenu le pouvoir d'enthousiasme et d'émotion qu'un homme pouvait provoquer en elle. Robert, rassis, discret et soumis, paraissait le plus âgé des deux : on eût dit un prêtre avec une jeune élève. C'était d'ailleurs un peu aussi l'impression qu'il éprouvait.

Ciss disposait d'un appartement pour elle de l'autre côté de la cour, au-dessus de la vieille remise et des écuries où il n'y avait plus de chevaux. Robert y garait son auto. Elle profitait de trois très jolies pièces là-haut, disposées à la suite l'une de l'autre, et elle s'était habituée au tic-tac de l'horloge de l'écurie.

Mais quelquefois elle ne montait pas chez elle. L'été, elle s'asseyait sur la pelouse et par la fenêtre ouverte du salon là-haut lui arrivait le rire de Pauline, merveilleux et capable de pénétrer jusqu'au cœur. En hiver, la jeune fille enfilait un manteau épais et se dirigeait lentement vers le petit pont à garde-fou qui franchissait le cours d'eau ; de là, elle se retournait pour regarder les trois fenêtres éclairées de ce salon où la mère et le fils étaient si heureux ensemble.

Ciss aimait Robert, et elle croyait que Pauline avait décidé que tous deux se marieraient quand elle serait morte. Le pauvre Robert était pourtant si ravagé de timidité face au moindre homme ou la moindre femme ! Que deviendrait-il après la mort de sa mère dans une douzaine d'années ? Un corps sans âme, le corps d'un homme qui n'aurait jamais vécu.

Robert et Ciss étaient reliés par cette étrange et indicible sympathie qui unit des jeunes gens lorsqu'ils vivent à l'ombre de gens âgés. Mais il y avait un autre lien, que Ciss ne savait comment resserrer, celui de l'amour. Le pauvre Robert était par nature un homme passionné. Son silence et sa sauvagerie, suppliciante quoique cachée, trouvaient leur source dans une véhémence physique et secrète. Et comme Pauline savait en jouer ! Ah ! Ciss n'était pas aveugle et voyait bien les yeux qu'il fixait sur sa mère : fascinés, mais des yeux humiliés et débordants de honte. Il était honteux de n'être pas un homme. Et il n'aimait pas sa mère. Il était plutôt ensorcelé par elle. Complètement ensorcelé ! Et pour le reste, paralysé par une incertitude qui datait de sa naissance.

Ciss attendait dans le jardin l'apparition des lumières de la chambre de Pauline, vers dix heures. L'adorable dame était allée se coucher. Robert resterait encore à peu près une heure seul. Puis il monterait dans sa chambre. Ciss dehors, dans l'ombre, avait parfois envie de se glisser jusqu'à lui et de dire : « Oh ! Robert ! Rien ne va ! » Mais tante Pauline entendrait. Et de toute façon, Ciss ne pouvait agir ainsi. Elle se dirigeait donc vers sa chambre, de nouveau, et c'était à chaque fois la même chose.

Le matin, on apportait le café sur un plateau à chacun des trois. Ciss devait être chez Sir Wilfred Knipe à neuf heures pour donner deux heures de leçon à sa petite-fille. C'était sa seule occupation sérieuse, quant au reste, elle jouait du piano pour son plaisir. Robert partait pour la ville vers neuf heures. En général, tante Pauline paraissait au déjeuner, quoiqu'elle restât parfois dans sa chambre jusqu'à l'heure du thé. Quand elle descendait pour le repas, elle était fraîche et jeune. Mais il lui arrivait d'avoir l'air de se flétrir assez rapidement, durant le jour, comme une fleur sans eau. Son heure à elle était celle des bougies.

Aussi se reposait-elle toujours l'après-midi. Quand le soleil brillait, autant que possible, elle prenait un bain de soleil. C'était un de ses secrets. Son déjeuner était très léger ; elle pouvait prendre son bain d'air et de soleil vers midi, ou un peu plus tard à son gré. La plupart du temps, elle choisissait l'après-midi, quand le soleil brillait et chauffait intensément un étrange petit carré ceinturé d'ifs derrière les écuries. À cette place, Ciss dressait la chaise longue et les couvertures, et mettait l'ombrelle légère à portée de main, dans le petit enclos silencieux entouré d'épaisses et sombres haies d'ifs, derrière les murs rouges des écuries inutilisées. L'adorable dame arrivait alors avec son livre, et Ciss devait monter la garde dans son appartement pour le cas où sa tante, qui avait l'oreille très fine, entendrait un pas.

Un jour, Cécilia se dit qu'elle pourrait bien elle-même occuper le long après-midi en prenant un bain de soleil. Elle sentait l'inquiétude la gagner. La pensée du toit plat de l'écurie auquel elle pouvait grimper par le grenier l'incita à une aventure nouvelle. Elle se rendait souvent sur le toit : elle y était obligée pour remonter l'horloge, tâche qu'elle s'était fixée. Elle prit donc une couverture, grimpa sous le firmament, contempla le ciel et les cimes des grands ormes, regarda le soleil, puis se dépouilla de ses vêtements et s'allongea avec une sérénité parfaite dans un coin du toit, sous le parapet, en plein soleil.

C'était délicieux de se chauffer ainsi, couchée de tout son long dans le soleil chaud et l'air. Oui, c'était délicieux ! Il semblait même que cela amollissait un peu la dure amertume de son cœur, ce noyau de rancune inavouée qui ne fondait jamais. Voluptueusement, elle s'étendit de façon que le soleil baignât complètement ses membres. À défaut d'un amant, elle aurait le soleil ! Elle roula sur elle-même avec délectation. Et brusquement son cœur cessa de battre dans sa poitrine et ses cheveux semblèrent se dresser sur sa tête, car une voix disait très doucement, d'un ton rêveur, à son oreille :

— Non, cher Henry ! Ce n'est pas ma faute si tu es mort au lieu d'épouser ta Claudia. Non, chéri. J'étais tout à fait, tout à fait disposée à te la laisser épouser bien qu'elle fût si peu ce qu'il te fallait.

Cécilia se laissa tomber sur sa couverture, sans force et avec une sueur froide de terreur. Cette voix terrible, si douce, si rêveuse, et cependant si monstrueuse ! Ce n'était pas une voix humaine. Cependant il fallait absolument qu'il y ait quelqu'un sur le toit. Oh ! quelle terreur sans nom !

Elle leva faiblement la tête et jeta un coup d'œil sur les toitures en pente. Personne ! Les cheminées étaient beaucoup trop étroites pour qu'on pût se dissimuler derrière elles. Il n'y avait personne sur le toit. Alors, il devait y avoir quelqu'un sur les arbres, dans les ormes. C'était ou cela ou, terreur inexprimable, une voix sans corps ! Elle leva la tête un peu plus haut.

Et au moment où elle faisait ce geste, la voix résonna de nouveau :

— Non, chéri. Je te disais que tu serais fatigué d'elle au bout de six mois. Et vois-tu, c'était vrai, chéri. C'était vrai, vrai, vrai ! Je voulais t'épargner cela. Ce n'est donc pas par ma faute que tu es devenu faible et désemparé à force d'aimer cette sotte Claudia. Pauvre petite, elle avait l'air si accablée par la douleur après ! À force de te demander si tu l'aimais ou non, tu as glissé dans une incertitude profonde, mon chéri. Je t'ai seulement averti. Qu'aurais-je pu faire de plus ? Et tu as perdu courage et tu es mort sans me reconnaître. Quelle situation amère, amère…

La voix mourut. Cécilia retomba sur la couverture, épuisée après cet effort angoissé pour entendre. Oh ! c'était terrible. Le soleil brillait, le ciel était bleu, tout semblait si délicieux, dans ce si doux après-midi d'été. Et cependant, horreur !… elle allait être forcée de croire au surnaturel ! Et elle détestait le surnaturel, les fantômes, les voix, les manifestations d'esprits et tout le reste.

Mais cette horrible voix sans corps qui donnait la chair de poule avec son chuchotement enroué, à peine distinct ! Elle avait quelque chose de si terriblement familier. Et cependant, en même temps, elle semblait si mystérieuse. La pauvre Cécilia ne pouvait que rester allongée, sans vêtement, et sa nudité rendait d'autant plus torturant son sentiment d'impuissance : elle était effondrée, prise d'une terreur folle.

Elle entendit alors l'être invisible pousser un soupir. Un profond soupir qui paraissait aussi étrangement familier qu'inhumain. « Ah, oui, ah, oui ! Il faut que le cœur saigne. Mieux vaut qu'il saigne que de se rompre. Quel chagrin, quel chagrin, quel chagrin ! Mais ce n'était pas ma faute, chéri. Robert pourrait épouser notre pauvre sotte de Ciss demain s'il le voulait. Mais il n'y tient pas, pourquoi donc l'obliger à le faire ? »

Les sons étaient très inégaux, quelquefois ce n'était qu'une espèce de chuchotement rauque. Chut ! Chut ! Écoutez !

Cécilia menaçait de pousser les cris aigus et perçants d'une crise de nerfs quand les deux dernières phrases l'arrêtèrent. Toute sa prudence et toute sa ruse furent convoquées. C'était tante Pauline. Ce devait être tante Pauline qui faisait des exercices de ventriloquie ou quelque chose de ce genre. Quel démon de femme !

Où était-elle ? Elle devait être allongée, là-bas, au-dessous du toit où Cécilia elle-même était couchée. Et c'était quelque artifice diabolique de ventriloquie ou bien la transmission de pensée qui se transformait en mots. Les sons étaient très inégaux. Parfois ils étaient tout à fait indistincts, parfois ce n'était qu'un bruit rapide. Ciss écoutait de toutes ses oreilles. Non, il ne pouvait s'agir de ventriloquie. C'était pire encore, une sorte de transmission de pensée. Une horreur de ce genre. Cécilia gisait faible et inerte, craignant de faire un mouvement, mais le calme revenait et sa terreur faisait place aux soupçons. C'était un tour diabolique de cette vieille sorcière.

Quel démon de femme ! Elle savait même que Cécilia l'avait secrètement accusée d'avoir tué son fils Henry. Le pauvre Henry était le frère aîné de Robert, de douze ans plus âgé que lui. Il était mort subitement, à vingt-deux ans, après une lutte terrible contre lui-même, parce qu'il était passionnément épris d'une actrice très jeune et très belle, et que sa mère avait tourné cet amour en ridicule. Il avait donc attrapé une maladie banale, mais le poison était monté à son cerveau et l'avait tué avant d'avoir repris conscience. C'est de son père que Ciss tenait ces maigres détails. Et depuis quelque temps, elle pensait que Pauline allait tuer Robert comme elle avait tué Henry. C'était un véritable assassinat, une mère assassinant ses fils trop sensibles qu'elle a ensorcelés : Circé !

— Je suppose que je pourrais aussi bien me lever, murmura sans s'interrompre la voix presque indistincte. Trop de soleil fait autant de mal que trop peu. Assez de soleil, assez d'émotion et d'amour, assez de nourriture appropriée, point trop d'excès et une femme peut vivre éternellement. Je crois vraiment qu'elle peut vivre éternellement. Si elle accumule autant de vitalité qu'elle en dépense ! Ou peut-être un petit peu plus.

C'était certainement tante Pauline. Quelle situation effrayante ! Tante Pauline émettait ses pensées dans une sorte de radio, et Ciss était obligée d'entendre ce que sa tante pensait. Quelle chose effrayante, intolérable. C'était sûrement un présage de mort pour l'une des deux.

Elle se redressa et resta immobile, toute contractée, regardant devant elle dans le vague. Et ses yeux fixaient l'intérieur d'un trou. Elle observait sans le voir l'intérieur de la gouttière de plomb. Ce trou n'avait pour elle aucune signification ; il ne faisait qu'augmenter sa frayeur.

Alors, du trou sortirent un soupir et un dernier chuchotement. « Eh bien, Pauline ! Lève-toi, cela suffit pour aujourd'hui. » Grand Dieu ! Du trou de la gouttière ! La gouttière jouait le rôle de tube acoustique ! Impossible ! Non, tout à fait possible. Elle avait même lu une chose pareille dans un livre quelconque. Et tante Pauline, comme une vieille criminelle qu'elle était, parlait seule, à voix haute. Voilà tout.

Une exultation maussade se fit jour dans le cœur de Ciss. C'est pour cela que tante Pauline ne permettait à personne, pas même à Robert, d'entrer dans sa chambre. C'est pour cela qu'elle ne s'assoupissait jamais dans un fauteuil, que jamais elle ne restait assise, distraite, quelque part et qu'elle allait dans sa chambre et s'y tenait, excepté lorsqu'elle se sentait assez réveillée pour être sur le qui-vive. Quand elle se détendait, elle parlait seule, comme une folle. Mais elle n'était pas folle. C'étaient ses pensées qui devenaient distinctes.

Ainsi sa conduite à l'égard du pauvre Henry lui inspirait des remords. Eh bien ! elle pouvait en avoir. Ciss pensa que tante Pauline avait aimé son premier né, grand, beau et brillant, beaucoup plus qu'elle n'aimait Robert, et que sa mort avait été un coup terrible et un grand chagrin pour elle. Le pauvre Robert n'avait que dix ans à la mort d'Henry. Depuis il servait de bouche-trou.

Oh, quelle chose horrible !

Car tante Pauline était une femme étrange. Elle avait quitté son mari lorsque Henry était un petit enfant, quelques années avant la naissance de Robert. Aucune querelle n'avait eu lieu entre eux. Parfois elle le revoyait : elle se comportait aimablement, un peu moqueuse. Et elle lui donnait même de l'argent.

Car Pauline gagnait sa vie. Son père avait été consul en Orient et à Naples, et collectionneur passionné de beaux objets exotiques. À sa mort, peu après la naissance de son petit-fils Henry, il avait laissé la collection de ses trésors à sa fille. Et Pauline, qui avait vraiment le génie et la passion de la beauté sous toutes ses apparences, matière, forme ou couleur, avait commencé à édifier sa fortune à partir de la collection de son père. Elle avait continué à acquérir, à négocier où elle pouvait et à vendre aux musées de vieilles et singulières statues africaines en bois et des sculptures d'ivoire de Nouvelle-Guinée. Elle acheta des Renoir dès qu'elle les découvrit. Rien de Rousseau en revanche. Et sans l'aide de quiconque, elle avait amassé une fortune.

Après la mort de son époux, elle ne s'était pas remariée. On ne savait même pas si elle avait eu des amants. Si elle en prit, elle ne les choisit pas parmi les hommes qui l'admiraient le plus et l'entouraient ouvertement de soins dévoués. Pour eux, elle était une amie.

Cécilia enfila ses vêtements, prit sa couverture, et descendit à la hâte mais prudemment l'échelle qui menait au grenier. En descendant, elle entendit l'appel sonore et musical: « Tout va bien, Ciss », qui voulait dire que l'adorable dame avait pris son bain de soleil et rentrait à la maison. Sa voix était merveilleusement jeune et forte, harmonieuse et calme. Si différente de la petite voix qu'elle prenait pour parler toute seule. Celle-là ressemblait beaucoup plus à la voix d'une vieille femme.

Ciss courut à l'enclos entouré d'ifs où se trouvaient la confortable chaise longue et les couvertures aux teintes variées et délicates. Tous les objets dont se servait Pauline étaient bien choisis, même la fine natte de paille étendue par terre. Les grands murs d'arbres commençaient à projeter de longues ombres. Mais dans le coin où les couvertures en désordre mêlaient leurs couleurs délicates, le soleil chauffait encore.

Les plaids roulés, la chaise repliée, Cécilia se pencha pour regarder la bouche de la gouttière. Elle était dans le coin, sous un petit capuchon de maçonnerie, et sortait à peine des feuilles épaisses de la vigne vierge qui couvrait le mur. Si Pauline allongée tournait son visage vers le mur, elle pouvait parler dans la bouche même du trou. Cécilia se rassura. Elle avait bien entendu les pensées de sa tante, mais pas de manière surnaturelle.

Ce soir-là, comme si elle se doutait de quelque chose, Pauline fut plus vive que de coutume, bien qu'elle restât comme toujours sereine et un peu mystérieuse. Et après le café, elle dit à Robert et à Ciss : « Je meurs de sommeil. Le soleil m'a fatiguée. Je me sens ivre de soleil comme une abeille. Je vais aller me coucher, si vous le permettez. Vous deux, restez assis et causez. » Cécilia regarda intensément son cousin.

— Vous préféreriez peut-être rester seul ? lui dit-elle.

— Non, non, répondit-il. Tenez-moi compagnie un moment, si cela ne vous ennuie pas.

Les fenêtres étaient ouvertes, le parfum du chèvrefeuille entrait dans le salon en même temps que le hululement d'un hibou. Robert fumait en silence. Son corps immobile, un peu trapu, exprimait une sorte de désespoir. Il ressemblait à une cariatide supportant un fardeau.

— Avez-vous gardé le souvenir de votre frère Henry ? demanda brusquement Cécilia.

Il leva les yeux avec surprise.

— Oui, un souvenir très net, répondit-il.

— Comment était-il ? interrogea-t-elle en fixant les grands yeux soucieux et mystérieux de son cousin, où se lisait d'habitude tant de déception.

— Oh, il était beau, grand et vigoureux, avec les cheveux bruns et soyeux de notre mère. (En réalité, les cheveux de Pauline étaient gris.) Les femmes l'admiraient beaucoup, on le voyait à tous les bals.

— Et quel était son caractère ?

— Oh, il était bon et gai. Il aimait s'amuser. Il était vif et intelligent, comme mère, et très sociable.

— Aimait-il votre mère ?

— Beaucoup. Elle l'aimait aussi - beaucoup plus qu'elle ne m'a jamais aimé en réalité. Il correspondait bien mieux que moi à l'idée qu'elle se fait d'un homme.

— Pourquoi ?

— Il était grand, beau, séduisant et très expansif, et je crois qu'il aurait très bien réussi au barreau. À côté, je crains de n'être qu'un zéro à tous égards.

Ciss fixa sur lui ses yeux noisette si lents à penser. Sous son masque d'impassibilité, elle savait qu'il souffrait.

— Vous pensez que vous êtes moins doué que lui ?

Il ne leva pas son visage. Mais au bout de quelques instants, il répondit :

— J'ai certainement raté ma vie.

Elle hésita avant d'oser lui demander :

— Cela vous peine ?

Il ne répondit pas. Cécilia sentit le cœur lui manquer :

— Je crains que ma vie ne soit aussi ratée que la vôtre. Et je commence à en être amère, j'ai trente ans.

Elle vit trembler sa main blanche et soignée d'homme bien élevé.

— Je suppose, dit-il sans la regarder, qu'on se rebelle quand il est trop tard.

Quelle phrase étrange sortant de ses lèvres.

— Robert, reprit-elle, m'aimez-vous un peu ?

Son visage sombre et blanc, aux traits sans expression, pâlit.

— J'ai beaucoup d'affection pour vous, murmura-t-il.

— Ne voulez-vous pas m'embrasser ? Personne ne m'embrasse jamais, dit-elle d'une voix pitoyable.

Il la regarda avec des yeux étranges où se mêlaient la peur et une certaine fierté. Puis il se leva, alla sans bruit vers elle et l'embrassa doucement sur la joue.

— C'est une honte, Ciss, dit-il tout bas.

Elle lui prit la main et la pressa sur son cœur.

— Et vous asseoir quelquefois avec moi dans le jardin, demanda-t-elle encore dans un murmure, pouvant à peine articuler ces mots, vous ne voulez pas ?

Il la regarda, inquiet.

— Et ma mère ? dit-il.

Ciss eut un drôle de petit sourire et le regarda dans les yeux. Il rougit brusquement et détourna son visage. C'était un spectacle pénible.

— Je sais, dit-il, que je ne suis pas un Don Juan.

Il s'accusait avec un stoïcisme sarcastique ; mais elle ne pouvait deviner la honte qu'il en éprouvait.

— Vous n'essayez pas de l'être, dit-elle.

De nouveau, ses yeux changèrent mystérieusement d'expression :

— Faut-il essayer ?

— Eh bien, oui. On ne fait jamais rien si l'on n'essaie pas.

Il pâlit une nouvelle fois.

— Vous avez peut-être raison.

Quelques minutes plus tard, elle le quitta et monta à sa chambre. Au moins avait-elle essayé de soulever l'éternel couvercle qui recouvre toute chose.

Le temps continua à être radieux. Pauline continua ses bains de soleil. Et Ciss s'allongeait sur le toit, comme si elle écoutait aux portes. Mais Pauline ne se faisait pas entendre. Aucun bruit ne montait par le tuyau. Elle devait être couchée, le visage tourné de l'autre côté. Ciss écoutait de toute son attention. Elle put à peine discerner un très faible murmure, presque imperceptible, mais aucune syllabe distincte ne lui parvenait.

Le soir, sous les étoiles, Cécilia s'assit et attendit en silence sur le banc d'où l'on voyait les fenêtres du salon et la porte de côté qui ouvrait dans le jardin. Elle aperçut la lumière jaillir dans la chambre de sa tante. Elle vit aussi s'éteindre celles du salon. Puis elle attendit. Il ne vint pas. Elle resta dans l'obscurité, la moitié de la nuit, pendant que le hibou hululait. Mais elle demeura seule.

Pendant deux jours, elle n'entendit rien ; les pensées de sa tante demeuraient secrètes et la soirée s'écoulait selon le rituel habituel. Mais le second soir, comme elle était assise avec une opiniâtreté cruelle et désespérée dans le jardin, elle tressaillit soudain. Il était sorti. Elle se leva et le rejoignit sans bruit sur l'herbe.

— Ne dites rien, murmura-t-il.

Et en silence, dans l'ombre, ils descendirent à travers le jardin, franchirent le petit pont et pénétrèrent dans le pré où le foin, coupé tardivement, s'élevait en meules. Là, ils restèrent debout, désolés, sous les étoiles.

— Vous voyez, dit-il, comment puis-je demander de l'amour quand je n'en sens aucun en moi ? Vous savez que j'ai une grande estime pour vous...

— Comment pourriez-vous éprouver de l'amour alors que vous n'éprouvez jamais aucun sentiment ? dit-elle.

— C'est vrai, répliqua-t-il.

Et elle attendit la suite.

— Et comment trouver le moyen de me marier ? Je n'arrive même pas à gagner ma vie. Je ne peux pas demander d'argent à ma mère.

Elle poussa un profond soupir.

— Ne vous tourmentez pas à propos de mariage. Aimez-moi seulement un peu. Ne voulez-vous pas ?

Il eut un rire bref.

— Cela paraît cruel de dire qu'il est difficile de commencer, avoua-t-il.

Elle soupira de nouveau. Il était compliqué de l'émouvoir.

— Ne voulez-vous pas vous asseoir une minute ? dit-elle.

Et quand ils furent sur le foin, elle ajouta :

— Puis-je vous toucher ? Cela ne vous ennuie pas ?

— Si ! Faites comme vous voulez, répliqua-t-il avec ce mélange de sauvagerie et de franchise étrange qui le rendait un peu ridicule, ce qu'il savait bien. Mais au fond de son cœur, il sentait presque l'envie de la tuer.

Elle toucha du doigt les cheveux noirs et soignés.

— Je suppose que je me révolterai un jour, dit-il de nouveau avec brusquerie.

Ils restèrent assis quelques instants jusqu'à sentir l'air se refroidir. Il serrait la main de Cécilia, mais ne passa pas le bras autour de sa taille. Finalement, elle se leva et rentra après lui avoir dit bonsoir.

Le lendemain, Cécilia, engourdie et irritée, prenait son bain de soleil sur le toit et, tandis que les rayons la rendaient chaude et ardente, elle tressaillit brusquement. La terreur s'empara d'elle. C'était la voix :

— *Caro, caro, tu non l'hai visto !* murmurait-elle dans un langage que Cécilia ne comprit pas.

La jeune fille resta allongée et détendit ses membres au soleil, écoutant attentivement des mots dont elle ne pouvait saisir le sens. Douce, mourante, infiniment caressante et cependant avec une arrogance subtile et insidieuse sous son velours, la voix chuchotait en italien :

— *Bravo, si, molto bravo, poverino, ma uomo come te non lo sarà mai, mai, mai !*

Oh ! ces sons italiens faisaient mieux sentir à Cécilia le charme empoisonné de la voix si caressante, si douce et si flexible et cependant d'un égoïsme si absolu. Elle la détestait de toutes ses forces, cette voix qui soupirait et chuchotait sans qu'on sût d'où elle venait. Pourquoi ? Pourquoi était-elle si délicate, si subtile, si flexible et modulée avec tant d'art, alors que Cécilia elle-même était si lourde et si maladroite ! Oh, pauvre Cécilia ! Elle se contorsionnait sous le soleil de l'après-midi et comprenait par comparaison sa lourdeur grossière et son manque de suavité.

— Non, non, cher Robert, tu ne seras jamais ce qu'était ton père, bien que tu lui ressembles un peu. C'était un amant merveilleux, doux comme une fleur, mais pénétrant comme un colibri. Non, cher Robert, tu ne sauras jamais satisfaire une femme comme monsignor Mauro. *Cara cara mia bellissima, ti ho aspetto come l'agonizzante aspetta la morte, morte deliziosa quasi, quasi troppo deliziosa per un'anima humana…* Doux comme une fleur et pourtant pénétrant comme un colibri. Il se donnait à une femme comme il se donnait à Dieu. Mauro, Mauro ! Comme tu m'as aimée !

La voix mourut dans un silence rêveur. Cécilia savait maintenant ce qu'elle soupçonnait déjà, que Robert n'était pas le fils de son oncle Ronald, mais d'un Italien.

— Tu me déçois beaucoup, Robert. Tu n'as aucune ardeur. Ton père était Jésuite, mais c'était l'amant le plus parfait et le plus ardent du monde. Tu es Jésuite comme un poisson dans un bassin. Et ta Ciss est le chat qui cherche à t'attraper. C'est encore moins surprenant que le pauvre Henry.

Cécilia approcha soudain sa bouche du tuyau et fit résonner une voix sépulcrale :

— Laissez Robert tranquille. Ne le tuez pas comme vous m'avez tué.

Un silence de mort régna dans le chaud après-midi de juillet dont le ciel se couvrait dans l'attente du tonnerre. Cécilia restait allongée, son cœur battait à grands coups. Elle écoutait comme si toute son âme était une oreille. Enfin, elle perçut un chuchotement.

— Est-ce que quelqu'un a parlé ?

Elle approcha de nouveau sa bouche de l'ouverture du tuyau :

— Ne tuez pas Robert comme vous m'avez tué, dit-elle en séparant chaque syllabe avec une voix sépulcrale et lointaine.

— Ah !

Un petit cri aigu retentit.

— Qui parle ?

— Henry ! répondit la voix de sépulcre.

Il y eut un silence de mort. La pauvre Cécilia restait inerte, incapable de faire un geste. Et ce silence l'accablait. Enfin, un nouveau chuchotement monta :

— Je n'ai pas tué Henry. Non, non. Henry, tu ne peux pas me blâmer. Je t'aimais, chéri. Je voulais seulement t'aider.

— Vous m'avez tué, reprit la voix accusatrice, grave et artificielle. Maintenant laissez vivre Robert. Laissez-le partir. Laissez-le se marier.

Il y eut une pause.

— Quelle chose terrible ! reprit la voix chuchotante d'un ton inquiet. Est-ce possible ? Henry, tu es un esprit et tu m'accuses !

— Oui, je vous accuse.

Cécilia sentait toute sa rage réprimée descendre par cette gouttière. En même temps elle était au bord du rire. Horrible sensation.

Elle se tenait immobile et écoutait de toute son attention. Aucun bruit. Comme si le temps avait suspendu son cours, elle gisait inerte sous le soleil qui se refroidissait. Le ciel devenait jaune. Rapidement elle s'habilla, descendit, sortit et se dirigea vers le coin de l'écurie.

— Tante Pauline, appela-t-elle discrètement, entendez-vous le tonnerre ?

— Oui, je rentre. Ne m'attends pas, répondit une voix faible.

Cécilia se retira et se mit aux aguets dans le grenier, épiant la charmante dame qui, enveloppée d'un délicat peignoir de vieille soie bleue, regagnait la maison d'un pas mal assuré.

Le ciel s'assombrissait peu à peu et Cécilia se hâta de rentrer les couvertures. Puis l'orage éclata. Tante Pauline ne parut pas au moment du thé. L'orage l'éprouvait. Robert n'arriva qu'après, sous la pluie battante. Cécilia se rendit chez elle par le passage couvert, s'habilla avec soin pour le dîner et accrocha à son corsage quelques ancolies blanches.

Le salon était éclairé par une lampe voilée d'un abat-jour aux teintes douces, Robert en tenue de soirée attendait en écoutant la pluie. Lui aussi semblait avoir les nerfs à fleur de peau. Cécilia entra avec les fleurs blanches qui semblaient hocher la tête sur son corsage. Robert la guettait avec curiosité, une expression nouvelle sur le visage. Cécilia se rapprocha de la bibliothèque, près de la porte ; elle cherchait à voir quelque chose et écoutait attentivement. Elle perçut un frou-frou, puis la porte s'ouvrit sans bruit. Au même moment, Ciss alluma brusquement l'interrupteur de la lumière placé à l'entrée.

Sa tante, vêtue d'une robe de dentelle noire sur fond ivoire, se tenait sur le seuil de la porte. Son visage était fardé, mais manifestait de l'égarement, avec une expression d'inexprimable irritabilité, comme si des années d'exaspération réprimée et d'aversion pour ses semblables l'avaient brusquement ridée, tordue et transformée en vieille sorcière.

— Oh tante ! s'écria Cécilia.

— Ça alors, mère, on dirait une vieille dame, s'écria la voix stupéfaite de Robert.

Il parlait tel un enfant étonné, comme s'il s'agissait d'une plaisanterie.

— C'est maintenant que tu t'en aperçois, gronda la vieille femme d'une voix venimeuse.

— Oui. Je pensais…

Une crainte soudaine le fit taire.

Pauline, vieille et égarée, au comble de l'exaspération, s'écria : « Nous ne descendons pas ? »

Elle n'avait même pas remarqué l'excès de lumière, qu'elle évitait toujours, et elle descendit presque en chancelant.

Elle prit place à table. Son visage, pareil à un masque, ridé, exprimait une irritation indicible. Elle paraissait vieille, très vieille et ressemblait à une sorcière. Robert et Cécilia lui jetaient des regards furtifs. Et Ciss, guettant Robert, vit que l'aspect de sa mère lui inspirait un tel étonnement et une telle répulsion qu'il paraissait devenir un autre homme.

— Quel temps faisait-il quand tu es rentré ? grogna Pauline avec un grondement qui rendait ses paroles presque incompréhensibles.

— Il pleuvait, bien entendu.

— Comme c'est intelligent à toi de t'en être aperçu, s'écria sa mère avec l'affreuse grimace de méchanceté qui avait succédé à son sourire malicieux.

— Je ne comprends pas, dit-il avec douceur.

— Cela se voit, répondit sa mère qui mangeait rapidement et avec peu de soin.

Elle dévorait son repas comme un chien fou, à la consternation du domestique. Dès que le dîner fut achevé, elle s'élança vers l'escalier en une démarche bizarre qui la faisait ressembler à un crabe. Robert et Cécilia la suivirent, muets d'épouvante, pareils à deux conspirateurs.

— Sers le café. Je le déteste. Je m'en vais. Bonsoir, dit la vieille femme d'une voix saccadée.

Et elle quitta la pièce.

Il y eut un silence de mort. Enfin Robert prit la parole :

— J'ai peur que mère ne soit souffrante. Il faut que je la décide à voir un docteur.

— Oui, dit Cécilia.

La soirée s'écoula en silence. Robert et Ciss restèrent dans le salon où l'on avait allumé le feu. Dehors tombait une pluie froide. Chacun d'eux faisait semblant de lire. La soirée s'écoula, mystérieuse et presque sinistre, mais rapidement.

Vers dix heures, la porte s'ouvrit brusquement et Pauline parut dans un peignoir bleu. Elle ferma la porte derrière elle et s'approcha du feu. Puis elle regarda les deux jeunes avec haine, une véritable haine.

— Vous ferez bien de vous marier le plus tôt possible tous deux, dit-elle d'une voix désagréable. Cela serait plus convenable. Deux amoureux si passionnés !

Robert la regarda tranquillement.

— Je croyais que selon vous on ne devait pas se marier entre cousins, mère, remarqua-t-il.

— Oui, mais vous n'êtes pas cousins. Ton père était un prêtre italien.

Pauline tendit vers le feu son pied chaussé d'une élégante pantoufle, d'un geste où transparaissait son ancienne coquetterie. Son corps essayait de retrouver les gracieuses attitudes d'autrefois. Mais le nerf avait cassé, et elle ne ressemblait plus qu'à une horrible caricature d'elle-même.

— Est-ce vrai, mère ? demanda-t-il.

— Vrai ? Qu'imagines-tu ? C'était un homme distingué, sans cela il n'aurait pas été mon amant. C'était un homme beaucoup trop distingué pour mériter d'avoir un fils comme toi. Mais cette joie est tombée sur moi.

— Quel malheur pour tous, observa-t-il d'une voix lente.

— Pour toi ? Tu as de la chance. C'est moi qui n'en ai pas eu, riposta-t-elle d'un ton acide.

Elle offrait vraiment un horrible spectacle, ressemblant à un délicieux objet en verre de Venise qu'on a laissé échapper des doigts et qui, ramassé, n'est plus qu'un tas de morceaux affreux aux bords tranchants.

Précipitamment elle sortit.

Cela dura pendant une semaine. Elle ne recouvra plus son calme. On eût dit que chaque nerf de son corps, atteint de démence, s'était soudain mis à pousser des cris aigus et discordants. Le docteur fut appelé et lui ordonna, parce qu'elle avait perdu le sommeil, des calmants. Sans drogues, elle était incapable de dormir et arpentait sa chambre, hideuse et méchante, exhalant la méchanceté par tous ses pores. Elle ne pouvait supporter de voir son fils ou sa nièce. Lorsqu'un des deux entrait, elle demandait par pure rancune :

— Eh bien, à quand le mariage ? Avez-vous célébré vos noces ?

D'abord Cécilia fut stupéfiée par ce qu'elle avait fait. Elle se rendait vaguement compte que sa tante, parce qu'une accusation précise avait percé sa belle armure comme un coup d'estoc, s'était effondrée dans sa cuirasse et s'y débattait en proie aux convulsions de l'agonie. C'était terrible. Ciss, terrifiée, en eut presque des remords. Puis elle pensa : « Elle a toujours été semblable à ce qu'elle est maintenant. Que pendant les jours qui lui restent à vivre, on la voie enfin sous ses vraies couleurs ! »

Mais Pauline ne vivrait pas longtemps. Littéralement, elle se ratatinait et se réduisait à rien. Elle gardait la chambre et ne voyait personne. Elle avait fait enlever tous les miroirs.

Robert et Cécilia passaient beaucoup de temps ensemble. Les railleries que leur avait lancées Pauline dans son accès de folie ne les avaient pas éloignés l'un de l'autre comme elle l'espérait.

Mais Cécilia n'osait pas avouer à Robert ce qu'elle avait fait.

— Croyez-vous que votre mère ait jamais aimé quelqu'un ? osa-t-elle essayer un soir, d'un ton pensif.

Il la regarda fixement.

— Elle n'a jamais aimé qu'elle-même, dit-il enfin.

— Elle ne s'est même pas aimée, dit Ciss. C'était autre chose qu'elle aimait... Mais quoi ?

Elle leva vers lui un visage troublé et perplexe.

— Le pouvoir, dit-il brièvement.

— Mais quel pouvoir ? Je ne comprends pas.

— Le pouvoir de se nourrir d'autres vies, expliqua-t-il amèrement. Elle était belle et elle se nourrissait de vies humaines. Elle s'est repue de la mienne comme de celle d'Henry. Elle enfonçait un suçoir dans votre âme, et elle en aspirait tous les éléments essentiels à la vie.

— Vous ne lui pardonnez pas ?

— Non.

— Pauvre tante Pauline !

Mais Ciss elle-même n'éprouvait aucune pitié. Elle était seulement frappée de stupeur.

— Je sais que j'ai un cœur, dit-il en se frappant passionnément la poitrine, mais il est presque desséché, toute sa sève a été absorbée. Je connais des gens qui veulent posséder un pouvoir absolu sur les autres.

Ciss garda le silence. Qu'aurait-elle pu ajouter ?

Deux jours plus tard, on trouva Pauline morte dans sa chambre. Son cœur étant très affaibli, une dose trop forte de véronal l'avait tuée.

Depuis sa tombe, elle se vengea de son fils et de sa nièce. Elle laissa à Robert la magnifique somme de mille livres et cent à Ciss. Tout le reste, accompagné de son trésor d'objets anciens alla constituer le *Musée Pauline Attenborough*.

TABLE

Cet Arbuste véhément n°26, 261ᵉ volume
édité par les éditions de l'Arbre vengeur,
a été achevé d'imprimer en juillet 2022.

Dépôt légal : 3ᵉ trimestre 2022

www.arbre-vengeur.fr